国家出版基金项目
NATIONAL PUBLICATION FOUNDATION

“十三五”国家重点图书出版规划项目

国家社科基金重大项目“海外藏珍稀中国民俗文献与文物资料整理、研究暨数据库建设”（项目编号：16ZDA163）阶段性成果

海外藏中国民俗文化珍稀文献

编委会

日本藏明清时期中日贸易相关民俗资料选编（上）

A Collection of Japanese Artifacts Detailing Trade with China During the Ming and Qing Dynasties

[日]松尾恒一（まつお・こういち）编著

梁青 译

国家出版基金项目
NATIONAL PUBLICATION FOUNDATION

“十三五”
国家重点图书
出版规划项目

海外藏
中国民俗文化
珍稀文献

王霄冰 主编

陕西师范大学出版总社

图书代号　SK23N0796

图书在版编目（CIP）数据

日本藏明清时期中日贸易相关民俗资料选编．上 /（日）松尾恒一编著；梁青译．— 西安：陕西师范大学出版总社有限公司，2023.5

（海外藏中国民俗文化珍稀文献 / 王霄冰主编）

“十三五”国家重点图书出版规划项目　国家出版基金项目

ISBN 978-7-5695-3562-4

Ⅰ．①日…　Ⅱ．①松…　②梁…　Ⅲ．①中日关系—双边贸易—贸易史—研究资料—汇编—明清时代　Ⅳ．①F752.731.3

中国国家版本馆 CIP 数据核字（2023）第 065382 号

日本藏明清时期中日贸易相关民俗资料选编（上）

RIBEN CANG MING-QING SHIQI ZHONG-RI MAOYI XIANGGUAN MINSU ZILIAO XUANBIAN（SHANG）

［日］松尾恒一　编著　梁　青　译

出 版 人　刘东风
责任编辑　王文翠
责任校对　雷亚妮
出版发行　陕西师范大学出版总社
（西安市长安南路199号　邮编　710062）
网　　址　http://www.snupg.com
印　　刷　陕西龙山海天艺术印务有限公司
开　　本　787 mm × 1092 mm　1/16
印　　张　22.5
插　　页　4
字　　数　179 千
图　　幅　172
版　　次　2023 年 5 月第 1 版
印　　次　2023 年 5 月第 1 次印刷
书　　号　ISBN 978-7-5695-3562-4
定　　价　168.00 元

海外藏中国民俗文化珍稀文献

总序

◎ 王霄冰

民俗学、人类学是在西方学术背景下建立起来的现代学科，其后影响东亚，在建设文化强国的大战略之下，成为当前受到国家和社会各界广泛重视的学科。16 世纪，传教士进入中国，开始关注中国的民俗文化；19 世纪之后，西方的旅行家、外交官、商人、汉学家和人类学家在中国各地搜集大批民俗文物和民俗文献带回自己的国家，并以文字、图像、影音等形式对中国各地的民俗进行记录。而今，这些实物和文献资料经过岁月的沉淀，很多已成为博物馆和图书馆等公共机构的收藏品。其中，不少资料在中国本土已经散佚无存。

这些民俗文献和文物分散在全球各地，数量巨大并带有通俗性和草根性特征，其价值难以评估，且不易整理和研究，所以大部分资料迄今未能得到披露和介绍，学者难以利用。本人负责的 2016 年度国家社科基金重大项目“海外藏珍稀中国民俗文献与文物资料整理、研究暨数据库建设”（项目编号：16ZDA163）即旨在对海外所存的各类民俗资料进行摸底调查，建立数据库并开展相关的专题研究。目的是抢救并继承这笔流落海外的文化遗产，同时也将这部分研究资料纳入中国民俗学和人类学的学术视野。

所谓民俗文献，首先是指自身承载着民俗功能的民间文本或图像，如家谱、宝卷、善书、契约文书、账本、神明或祖公图像、民间医书、宗教文书等；其次是指记录一定区域内人们的衣食住行、生产劳动、信仰禁忌、节日和人生礼仪、口头传统等的文本、图片或影像作品，如旅行日记、风俗纪闻、老照片、风俗画、民俗志、民族志等。民俗文物则是指反映民众日常生活文化和风俗习惯的代表性实物，如生产工具、生活器具、建筑装饰、服饰、玩具、戏曲文物、神灵雕像等。

本丛书所收录的资料，主要包括三大类：

第一类是直接来源于中国的民俗文物与文献（个别属海外对中国原始文献的翻刻本）。如元明清三代的耕织图，明清至民国时期的民间契约文书，清代不同版本的“苗图”、外销画、皮影戏唱本，以及其他民俗文物。

第二类是17—20世纪来华西方人所做的有关中国人日常生活的记录和研究，包括他们对中国古代典籍与官方文献中民俗相关内容的摘要和梳理。需要说明的是，由于原书出自西方人之手，他们对中国与中国文化的认识和理解难免带有自身文化特色，但这并不影响其著作作为历史资料的价值。其中包含的文化误读成分，或许正有助于我们理解中西文化早期接触中所发生的碰撞，能为中西文化交流史的研究提供鲜活的素材。

第三类是对海外藏或出自外国人之手的民俗相关文献的整理和研究。如对日本东亚同文书院中国调查手稿目录的整理和翻译。

我们之所以称这套丛书为“海外藏中国民俗文化珍稀文献”，主要是从学术价值的角度而言。无论是来自中国的民俗文献与文物，还是出自西方人之手的民俗记录，在今天均已成为难得的第一手资料。与传世文献和出土文物有所不同的是，民俗文献和文物的产生语境与流通情况相对比较清晰，藏品规模较大且较有系统性，因此能够反映特定历史时期和特定区域中人们的日常生活状况。同时，我们也可借助这些文献与文物资料，研究西方人的收藏兴趣与学术观念，探讨中国文化走向世界的方式与路径。

是为序。

2020年12月20日于广州

鸣谢

本书所收的日本藏明清时期中日贸易相关民俗资料得以首次在中国公开出版，与其馆藏机构的大力支持和积极配合是分不开的。在此衷心感谢日本国立历史民俗博物馆（National Museum of Japanese History）、早稻田大学图书馆（Waseda University Library）、日本国立公文书馆（National Archives of Japan）、东京大学驹场图书馆（Komaba Library, University of Tokyo Library System）为本书提供高清图像并授予出版许可。

序

◎ 清华大学历史系　刘晓峰

在前近代的东亚，中国是名副其实的政治、经济、文化中心。中国生产的瓷器、丝绸以及各种品质优良的商品，在世界上广受欢迎，而与东亚各国的贸易往来，则是中国历史辉煌的一页，值得我们认真清理和回顾。特别是在以大航海时代为标志的全球史框架中，东亚的贸易历史一如众多国内外学者所论及的那样，更有非常重要的地位。《日本藏明清时期中日贸易相关民俗资料选编》（上）收集了明清两代中日贸易相关民俗文献和图像资料，是这段历史中与民俗相关的重要组成部分。

本书编者松尾恒一先生，博士毕业于日本国学院大学，日本国立历史民俗博物馆教授，国立综合研究大学院大学教授，博士生导师，国立千叶大学研究生院客座教授，主要从事民俗学（民间信仰）、中日欧文化交流史研究，特别是对中国华侨在日本的生活习俗有很深的研究，是一位对中国非常友好的日本学者。我曾有幸和他共同考察日本的风土民俗，数次共同参加学术会议。他的认真、热情和努力给我留下很深的印象。在我看来，松尾恒一先生编著的这部史料集有四个特点：

第一，聚焦日本所藏的贸易相关民俗文献和图像资料，对海外所藏珍稀中国民俗文献与文物资料进行了整理、研究，完成的是一件功在学林的大工作。中国商船的海外贸易将中国明清时期的民俗带到海外，与此相关的民俗资料非常宝贵，但是缺乏系统整理，非常零散。本书编者克服各种困难，争取到了日本各大图书馆、资料馆的协力，第一次集中将散存各处的明清中日贸易资料的民俗部分加以收集整理。筚路蓝缕，允成开拓之功；集腋成裘，得绍后学之力。

第二，在遴选资料过程中既注意到珍稀性和独特性，还兼顾到题材的多样性和不同类型资料的代表性。编者熟悉明清两代中日贸易发展的历史进程，注意抓中日贸易的核心区域，所选择的除民俗和民族类博物馆、顶尖大学的图书馆如日本国立历史民俗博物馆、早稻田大学图书馆、国立公文书馆、东京大学驹场图书馆等之外，还重点考察了外贸港口城市长崎及周边的博物馆、图书馆，华人聚集区神户市的博物馆、图书馆，以及冲绳县的博物馆，收集了其所收藏的中日贸易相关文献和图像。可以说资料的收集范围安排合理，收集的资料也非常有代表性。其中有很多是日本图书机构收藏的、公开展出机会不多的、难得一见的研究资料。

第三，收入资料涉及明清两代航海、商贸、日常生活、节祭活动，以及各项活动中的产品、器物等，涵盖论考、记录、绘画、图卷、咒符、印章等多个大类，具有代表性。编者不仅对所搜集的民俗资料进行了遴选，而且对很多资料进行了初步解读，对不同版本资料之间的差异进行了初步比较并对差异形成的原因进行了初步探讨，具有一定的学术价值。

第四，非常难得的是收集了藏于日本各地大小图书馆的很多宝贵的图像资料。把这些资料汇聚到一起很不容易。这些图像资料一旦印刷出版，一定会惠及学界，特别是对于今后从事相关研究的学者来说非常重要。

明清时期中日民俗文化的交流，是东亚古代文化交流史非常重要的一个组成部分，有很多至今尚未得到深入研究的学术空白点。举一个例子说，很少有人知道，中国的舞龙习俗在日本江户时代已经被吸纳进日本神社的祭祀活动，这就是“長崎くんち（长崎宫日节）”。

“長崎くんち”是长崎的诹访神社秋季大祭，每年10月7日开始，活动会持续三天。这是受中国的九月九日重阳节影响形成的节日。据说“長崎くんち”的“くんち”，就是当地方言“九日”的发音。按照当地的说法，“長崎くんち”最早缘起于日本宽永十一年（1634年），已经有300多年历史。这一年，后来成为外国商人居住地的长崎出岛工程基本完工，后被称为“眼镜桥”的中式石拱桥也建成了。这个节俗一出现就得到了长崎地方政府的支持，因为节俗内容吸收了大量的外国元素，很快就发展成为江户最绚烂豪华的节日。“秋风起处，人心思祭”，一直到今天“長崎くんち”作为长崎秋季祭祀活动的代表在当地依旧影响非常大。

诹访神社的祭祀活动吸收中国的舞龙习俗为自己的一部分并不偶然。长崎从很古老的年代就是日本重要的港口，在江户锁国时代，这里更是日本对外贸易的窗口。舞龙习俗在明清时期的中国已经有非常悠久的发展历史，历代舞龙的艺人不断创新和拓展，到明清时期各种表演技术已经非常成熟。长崎居住着很多中国商人，其中很多来自舞龙习俗非常流行的福建（泉漳帮、福州帮）、江浙（南京帮）和广东（广东帮）。因此舞龙习俗经常出现于中国商人的庆祝活动中。长龙舞动的热烈场面被当地人看在眼中，喜爱在心头。他们把舞龙习俗引进自己的神道祭祀活动，可以说与长崎作为中日通商港口带来的文化交流密切相关。另一方面，诹访神社在日本神道体系中是历史非常悠久的古社，其神体本就是蛇。在日本民间传说中，有十一月为神无月的说法，说的是十一月诸神都汇集出云。据说诹访神最初也参加了诸神的集会，但因为他巨蛇的躯体过于庞大，占了太多的地方，后来就不去出云参会了。高知县图书馆山内文库藏抄本《长崎图志》记载了诹访神社的蛇神本地化的一个传说。故事讲的是磨街内坊的诹访神社为长药师氏世代所祀。宽永十一年秋，“诹方庙始立祭，其祖预之，妻独守家，盛饭享神。有顷，白蛇宛转，盘结饭上，妻惊而开扇祝曰：‘若是明神，则降扇面。’其蛇入扇来，因置棚头，不见动容，即诹访差人到诹方庙报知。夫与贤清来视，则蛇还有饭上，观者骇异。及天晚，竟不复见，故立祠，传为诹方明神之显灵”。中国的舞龙，在长崎诹访神社的“長崎くんち”中变成了“蛇おどり”（“じゃおどり”，当地也有称“へびおどり”），正是中国的舞龙文化和诹访神社的祭祀体系结合的结果。

窥其一斑，可知全豹。松尾恒一先生的这部史料集收入了大量和“長崎くんち”一样的图像及资料，为我们今后深入研究明清时期中国民俗传播日本的情况提供了重要的线索和学术支撑，有非常高的史料价值和学术价值。在本书即将出版之际，松尾恒一先生委托我为序。我深觉能为这样一本浸透编者辛劳和汗水的优秀史料集作序，是我的荣幸，乃不揣浅陋略缀数语如上，并期待今后有更多人关注这段历史，期待以本书的出版为契机，东亚区域的历史与民俗交流研究能更上层楼。

2023 年 1 月 18 日

前言
隋唐至清代中日贸易的历史与文化

《三国志·魏书·东夷传》“倭人条”记载，日本在使用文字记录历史以前就和中国有交往。另据《后汉书·东夷列传》可知，汉光武帝曾接见过日本使者，并赐下“汉倭奴国王印”。该金印于18世纪后期在日本九州的博多湾出土，现藏于福冈市博物馆，是中日早期交往的重要证据。到隋唐时期，中日之间的交流更加频繁。当时的中国在文字（汉字）、国家机构、军事、法律、宗教（佛教及阴阳五行思想等）、音乐、舞蹈、绘画（包括岁时节令画）等几乎所有方面都处于亚洲领先地位。日本为了追赶中国，多次派出遣隋使和遣唐使，全方位向中国学习各项制度和文化。

在亚洲地区，当时中国国力占据绝对优势，频频和朝鲜半岛诸国、琉球国等周边国家进行朝贡贸易，通过册封建立主从关系。日本曾试图以独立国家的身份和隋唐保持外交往来，并保有自己的年号。但在室町时期（相当于中国的明代），由于幕府将军特别喜爱茶、花、香、建筑等与中国佛教尤其是禅宗有关的文化，为了从中国进口这些物品，日本与中国建立过朝贡关系，但这段关系因种种原因并未持续很久。

随着历史不断演进，忽必烈建立元朝，其版图横跨亚欧大陆，向东到达朝鲜半岛。他们派出使节诏谕日本，但当时日本的镰仓幕府并未回应。于是元军派出大型船队，载着铁骑军团袭击西日本到北九州一带，当时元军使用了火铳等最新武器，令日本军队陷入苦战，但最终日本还是击退了元数万部队的攻击。即便两国处于交战状态，日本与元朝间的贸易活动也没有中断。当时日本向元朝出口的物品有金、银、铜、水银、硫黄等金属和矿物，以及刀剑、扇、螺钿[①]、莳绘[②]等艺术品。日本从元朝进口的物品有铜钱、陶瓷、茶、书画、经文、文具、药材、香料、胡椒、金纱、金线织花、绫罗绸缎等。两国都很重视对方的物品和文化，通过贸易互通有无，也丰富了各自的文化。

一、明朝后期中国民间贸易的开始

在明朝以前，中日之间的贸易有很多属于国家层面，自明朝后期开始，民间贸易成为中日贸易中不可忽视的组成部分。关于这个问题，首先要谈的是倭寇的登场。

在元朝军队与日本交战期间，逐渐出现了倭寇。倭寇，顾名思义是日本的海盗，他们曾袭击朝鲜半岛和中国大陆沿岸。随着时代的发展，虽然名称未变，但其内部的成员发生了变化，中国人和来自朝鲜半岛的高丽人的比例不断增加，倭寇逐渐发展成为一个跨国的海盗集团。

中国在明朝永乐帝的统治下，派遣郑和从海路造访东南亚、印度、锡兰岛、阿拉伯半岛和非洲部分地区。当时从东南亚到东非海岸有 30 多个国家向中国朝贡，彰显了明朝强大的实力。另外，海盗和私人海商的秘密贸易也开始盛行。明朝曾屡次颁布海禁令，禁止私人出海。

在明代特别值得一提的是，葡萄牙海商已经进入中国大陆。他们在 16 世纪与海盗许一松、许二楠、许三栋、许四梓许氏四兄弟勾结，从南海来到浙江海域，在双屿等港口进行贸易。欧洲人在大航海时代进入亚洲，在中国海盗的指引下，活跃于东亚和东南亚地区。

葡萄牙人在双屿建立了政府办公楼、医院和教堂，并试图建立殖民地。明朝政府对这一事态感到担忧，于 1548 年派朱纨进攻并歼灭了双屿的葡萄牙人。这时许三栋手下的王直逃到日本，组织建立了海盗集团，自称徽王。他们以浙江省

---

① 螺钿，原本是唐朝时日本从中国引入的工艺技术，在平安时代和莳绘一起作为漆艺的一种装饰得到很大的发展，形成了自身的特色。在安土桃山时代与欧洲的贸易中，螺钿产业急速成长，螺钿成为日本出口的重要商品。

② 莳绘，起源于日本奈良时代的漆艺，在江户时代迎来鼎盛期。其工艺是在漆液中加入金银粉，令器物表面呈现特殊光泽，发展至后期，采用的材料中加入铅、锡、青贝等原料，愈发讲究。莳绘是贵族喜爱的收藏品。

舟山群岛的烈港为据点，成为和徐海[①]并驾齐驱的倭寇团体。

王直所到达的日本国际港口博多，自古以来就是日本联络中国大陆和朝鲜半岛的要地。他在这里开始商业活动，后又将据点转移到中国大陆至日本航线上的五岛列岛。天文九年（1540 年）前后，王直得到了五岛领主关于正式通商的认可，在福江岛[②]建立居所并开展贸易活动，在 1542 年又受邀与平户领主松浦氏会面。

在日本的对外交流史上，王直将葡萄牙商人带到日本是十分重要的史实。而这些葡萄牙商人又将火绳枪带到了日本。关于葡萄牙人将火绳枪带入日本一事，从日本和葡萄牙方面的资料来看，并没有统一的说法。其中最有说服力的是天文十二年（1543 年），王直将葡萄牙海商载到他的船（明朝的船只）上，引导他们前往日本，最终漂到萨摩[③]的种子岛上。枪支由此进入了日本。在王直的指引下，葡萄牙船于 1550 年进入平户港，平户逐渐发展成为日本与明朝和葡萄牙海商进行贸易的国际港口。

王直死后，以平户为据点的中日私人海商贸易由他的下属李旦（？—1625 年，英文名 Andrea Dittis）和李华宇兄弟继承。李旦出生于福建省泉州，当初以马尼拉为据点开展活动，之后移居平户，继承了王直建立的贸易路线。他从幕府那里得到了交易的许可证——朱印状后，参与了朱印船贸易[④]。

李旦的势力很大，他将自己在平户的居所租给英国商人作为商馆，把英日贸易纳入自己的管理范围。

二、明清交替期的民间交易

李旦死后，郑芝龙继承了他在平户的贸易。

---

① 徐海（？—1556 年），明代倭寇的头目，法名普净，号明山和尚，自称天差平海大将军。他幼年时曾在杭州虎跑寺生活，在叔父徐碧溪（王直的心腹）的引导下参与走私贸易，后加入倭寇，侵扰江苏、浙江沿岸，最终被明将领胡宗宪剿灭。

② 福江岛是长崎县西部五岛列岛的构成岛屿之一，地属长崎县五岛市，是五岛列岛中最大的岛屿。

③ 萨摩，今鹿儿岛县及宫崎县西南部。

④ 朱印船是指携带朱印状，被允许进行海外贸易的日本船。这一制度起源于室町时代，在丰臣秀吉时代正式实施，在江户时代锁国之前最为兴盛。宽永八年（1631 年）设置奉书船制度后，朱印船贸易被取代，宽永十二年（1635 年）随着锁国政策的实施，朱印船的海外活动被全面禁止。

郑芝龙与平户领主松浦氏关系亲密。在松浦氏传下来的各种物品中，收藏有郑芝龙使用过的印章，以及在生丝贸易中用于计量成束生丝的丝印。丝印在生丝进口贸易中使用，每束生丝都需要盖上丝印，这是计算交易额的重要凭据。根据长崎县松浦史料馆藏《平藩语录》中《上郑氏古铜印记》的记载，郑芝龙本人使用过丝印，并且其贸易活动得到了松浦氏的认可。可以推测，在与郑芝龙的生丝等交易中，日本平户的松浦氏也获得了相当丰厚的利益。

郑芝龙在平户与日本女子田川松结婚，并在那里生下了郑成功。

三、清代长崎的中日贸易

葡萄牙在东亚的贸易主要以澳门为据点展开，这里也是天主教派的耶稣会在中国和日本传教的据点。而西班牙在东亚的贸易活动主要以菲律宾的马尼拉为中心，他们也派遣传教士向日本传播天主教。

当时的日本处于各地领主群雄割据的战国时代，他们迫切需要来自欧洲的最新武器，如火铳、大炮及弹药等，所以积极与西班牙、葡萄牙进行贸易，对传教士的活动也很宽容。进入江户时期，德川幕府得知他们（特别是西班牙）有征服南美洲，甚至征服日本、中国等国家的野心，便着手禁止传教士的活动，甚至与西班牙、葡萄牙断交。但是日本仍然学习欧洲的文化，有了解欧洲形势的需要，于是保留长崎作为国际贸易的港口，继续同新教势力（与天主教派对立）占主导地位的荷兰进行贸易。

彼时的中国，清朝取代了明朝，建立了以北京为首都的新王朝。满族作为少数民族，成为中国的统治者，这让日本感到惊愕，他们称之为“华夷变态”。琉球国和朝鲜不久后就与清朝建立了朝贡关系，但日本为了不卷入邻国的纷争和混乱，选择了静观其变。

中国南部的人民强烈反抗满族建立起来的清朝，其中郑成功得到了明朝皇帝的信任。他为复兴明朝而对抗清朝，带领军队将占据台湾的荷兰人赶走，在这里继续进行“反清复明”活动。清朝政府为了封堵郑成功的势力，颁布了禁止商船出海的禁令，即《迁界令》（1661—1683 年），一方面让沿岸居民从海滨移居到内陆，另一方面严格戒备沿岸动向，防止船从大陆驶向海外。

但在此期间，仍有部分商船逃过森严的戒备，从大陆来到日本，通过中日贸易获得巨大的利益。郑成功把和东南亚、日本的贸易中得来的利润用作军费。

清代从中国出口的商品有生丝、丝织品、砂糖、鹿皮等。当时的日本不能生产砂糖，因此从萨摩进口的来自琉球、奄美大岛的砂糖，以及从长崎进口的中国砂糖都是稀有品。最初砂糖是作为药物而进口的，但这种甜味剂却引发了日本饮食文化的巨变，极大地丰富了日本人的饮食生活。

航行在外海的巨大帆船，都将商品装在船的底部，这不仅能节约空间，还能使商品作为压舱物起到平衡和稳定船只的作用。因此在返程的时候，也需要在船舱底部装载相应的物品，不能空船返航。出于贸易的需要和压舱的需求，中国船只从长崎离开时，也满载着日本特产。

这些日本特产主要是长崎的海产品，如海参、干鲍鱼、鱼翅等，因为装在草编成的袋子里，又被称为“俵物”[①]。此外还装有能给他们带来巨大利益的金、银、铜等金属。日本的货币经济不如中国和欧洲那样发达，因此最初他们对这些金属的价值没有足够的认识。后来他们渐渐认识到其重要性，便开始限制金、银的出口。记录幕府海外贸易、交流的《通航一览》卷一百五十八中有下述内容，表明自从郑氏占据台湾以后，从大陆去日本的船只逐渐增多，以及日本对出口中国、荷兰海商的金、银数量加以限制等情况。

> 庆长年间（1596—1615年）日本政府对从长崎入港的商船数量，以及贸易中流通的金、银数量没有规定，但贞享二年（1685年）时政府开始限制清朝和荷兰商船入港数量，也对贸易中的金、银数量加以限制。[②]

中国生产的生丝比日本的品质优良，成为日本重要的进口商品。当时的日本人使用金、银购买生丝，因此大量的金、银从日本流向中国和欧洲。为了抑制这一现象，宽文十二年（1672年）长崎官员制定了《货物市法》，对日本生丝商人同外国人的贸易进行了规定。其中部分条款如下：

> 在日本（长崎）入港的商船需要收佣金。其中唐船按过去的方式继续征收，荷兰船今后也将征收佣金。
>
> 与荷兰商馆交易时，兑换比率由原来的1两金兑银58匁[③]改为兑银68匁。
>
> 与唐人结算时可以使用银，也可以使用金。兑换比率为1两金兑银

① 俵物，主要是指江户时代日本对中国贸易中出口的物资，多是中餐的高级食材，在中国的需求量很大。

② 林韑编：《通航一览》卷一百五十八，国书刊行会，1912年，第300页。

③ 匁，日文读音为“もんめ（monme）”。日本古代用作货币计量单位，江户时代的1匁等于3.73—3.75克。——译者

58 匁。

日本国内商人的金、银兑换比率按时价进行计算。

如有违反上述条款的情况，在唐馆停留的清朝商人和在出岛居住的荷兰商人会被驱逐出境，并且禁止再次进行贸易活动。

值得一提的是，当时来自日本的伊万里烧陶瓷和中国的景德镇陶瓷在欧洲受到青睐。东亚文化也给欧洲带来很大的影响。

四、本书收录资料说明

作为“海外藏珍稀中国民俗文献与文物资料整理、研究暨数据库建设”项目的一部分，本书聚焦日本所藏的贸易相关民俗文献和图像资料。事实上，选取日本所藏中国民俗文献和资料时，聚焦贸易是有历史缘由的。

中日文化交流源远流长，伴随着文献资料，汉字开始逐渐进入日本。隋唐时期是中日交流的第一个高峰，日本通过遣隋使、遣唐使等官方举措，开启了中日间持续的人员交流，但这一时期的相关文献和文物资料集中于官方层面。即便有反映中国民俗的资料，其来源也主要为中国书籍，独特性和珍稀性不足。

中日的官方交流在宋元时期一度中断。一方面是中国自唐末起进入一段战乱时期，日方认为没有一个统一的政权能代表中国与之建交，这种状况在宋代虽然有所好转，但随着元代与日本的军事冲突，官方交流陷入停滞状态；另一方面，日本进入平安时期（8 世纪末至 12 世纪末），随着自身文化的发展，民族意识不断增强，不愿再继续以学习者和追随者的身份与中国交往。虽然官方的交流陷入低谷，但中日民间交流随着两国商业活动的萌芽，以及航海技术的不断进步，逐渐兴盛起来。尤其是航海技术的发展，让民间船只可以较为稳定地往返于中日之间，为两国物资和人员的交流提供了保障。

及至明清时期，欧洲势力开始在东亚地区活跃起来，葡萄牙、西班牙、荷兰的传教士和商人们在日本的影响力日趋强大，对日本领土的野心也逐步显露。日本在进入江户时期后，开始了相当长一段时间的海禁和锁国，仅保留长崎作为对外贸易的唯一窗口，只和中国、荷兰的商人进行商贸活动。

在这一背景下，中日民间交流较为集中地出现在长崎及其周边地区。为了更好地管理中国赴日本进行贸易活动的商人，日本方面对造访长崎的中国船只进行严格的检查，并在长崎划定专门的区域建立唐馆，供中国商人和随行人员居住。

在唐馆的管理上，日本政府不仅对进出唐馆的人员进行管控，还对唐馆内的活动进行监视。由于日方的管控政策，中国商人的贸易活动乃至日常生活都被记录下来。这些在当时服务于政治目的的记录，成为如今我们观察当时中国海商活动，以及他们的风俗民情的独特资料。

中国海商在长崎的贸易活动，也记录于荷兰东印度公司的《巴达维亚城日记》中，曾被译为中文和日文。记录显示，中国海商到达长崎港后，在进入唐馆之前需要在长崎奉行所接受严格的问询。问询内容主要是他们在航海中的状况，以及中国的国情等方面，这些也记录在《华夷变态》一书中。该书还记录了中国海商在长崎生活的诸多事情，包括妈祖祭祀在内的民俗活动的记录也十分丰富。在这些资料中，我们不仅可以了解到贸易活动中进出口商品的类别和数量，更能窥见海商贸易活动的实态和他们在长崎的生活实景。荷兰人和日本人眼中的中国海商的生活与文化都反映在这些记述和图画中，是研究中国民俗的重要资料。

可见，中日贸易相关的资料确实能反映中国民俗，特别是这些民俗在海外的状况。在本书资料的选编过程中，注意到这类资料的地区分布，除日本全国性的民俗和民族类博物馆，顶尖大学的图书馆外，重点考察了外贸港口城市长崎及周边的博物馆、图书馆，华人聚集区神户市的博物馆、图书馆，以及冲绳县的博物馆。这些场馆内都或多或少收藏有中日贸易相关文献和图像，限于篇幅和时间，本书首先对日本国立历史民俗博物馆、早稻田大学图书馆、国立公文书馆、东京大学驹场图书馆的资料进行了遴选。其中，国立历史民俗博物馆和国立公文书馆是日本国立机构，分别代表了历史民俗类收藏和政府文献收藏的最高水准，收藏的数量和质量在日本都首屈一指。东京大学和早稻田大学的图书馆代表了日本公立和私立学校图书馆的顶尖水平，在各自擅长的领域都有独到之处。

遴选的标准主要是作为中国民俗文献资料的珍稀性和独特性，同时兼顾题材的多样性和不同类型资料的代表性。本书收录的文献和图像资料都是日本机构所藏，大部分藏于仓库，公开展出的机会不多，是难得一见的研究资料。从题材来看，主要有航海、商贸、日常生活、节祭活动，以及各项活动中涉及的产品、器物等。从类型上看，涉及论考、记录、绘画、图卷、咒符、印章等多个大类，具有一定的代表性。部分资料甚至具有多个题材或多种解读可能，例如国立历史民俗博物馆所藏的《唐人屋敷景》（唐馆图），既能从历史角度分析当时长崎地区中日贸易的形式，又能看到唐馆内居民生活起居的样态，还能看到观音堂、土地庙、天后宫等显示中国民俗信仰的建筑，甚至还画出了妈祖巡游的民俗图景。此外如东京大学驹场图书馆所藏的《指南广义》虽然是中国人所作，但中国流传的版本和日本所藏的版本并不相同，本书收录的内容此前尚未在中国出版。考察不同版本的资料之间有何差异，它们的来源和差异形成的原因，应当具有独特的价值。

除上述四个机构以外，还有以下机构的部分收藏具有进一步考察和收录的价值。如神户市立博物馆收藏的《长崎唐・兰馆图卷》《长崎港图》《唐馆图说》《新地荷藏图卷》，长崎历史文化博物馆藏《唐馆图》，长崎县立长崎图书馆藏《唐馆内贸易之图》，长崎市立博物馆藏《唐船来舶图卷》，京都大学附属图书馆藏《崎阳唐馆交易图》，松浦史料博物馆藏《在长崎日清贸易绘卷》，冲绳县立博物馆藏《奉使琉球图》等。这些馆藏地和藏品或反映历史上中日贸易活动情况，或体现当时中国的民俗生活，具有很高的收集和研究价值。在下一步的选编中，我们将进行重点考察。

值得一提的是，在本次考察和选编过程中，笔者得到了各个机构的大力支持。在得知本书在中国出版的契机和目的后，笔者得以见到大量以往未公开或较少公开的资料，这为选出更具代表性的资料提供了保障。同时要特别感谢项目的主持人中山大学的王霄冰教授，她的大力支持让笔者在考察和遴选时没有后顾之忧。她对书稿的写作和翻译多次提出宝贵意见，使本书得以顺利完稿。陕西师范大学出版总社的邓微老师为本书的出版做了大量细致的工作，特别是图像资料在本书中占有很大比例，编排格外困难，在她的努力协调下，本书才能够以最完美的方式将这些珍稀的资料呈现出来。项目组的其他老师和同学也为本书的出版做了很多具体的工作，在此一并感谢。

海外藏珍稀中国民俗文献与文物资料的整理和研究是庞大的系统工程，日本藏中日贸易资料的收集和出版显然是这一工程的重要组成部分。如今如火如荼的全球化浪潮并非始于今日，早在数百年前乃至千年以前，中国与世界的人员和物资交流就已十分频繁。他们在日本乃至其他诸多国家都留下了活动的痕迹。除历史文献、绘画之外，瓷器和雕像等器物也证明这段历史的存在。相信这些文献、绘画资料以及实物资料的共享，有助于推动我们进一步开展协同研究，也有助于增进相互理解和国际友好关系。

目
录

第一章 国立历史民俗博物馆所藏资料

场馆名称：日本国立历史民俗博物馆

场馆地址：千叶县佐仓市城内町 117 号

场馆主页：https://www.rekihaku.ac.jp/

https://www.rekihaku.ac.jp/chinese/index.html

明治时期日本就在东京、京都和奈良建成了三座以收藏和展出美术品为主的博物馆，即今天的东京国立博物馆、京都国立博物馆、奈良国立博物馆的前身。与之相对，及至昭和初期，历史学者黑板胜美提出，有必要设立历史主题的博物馆。而这一设想真正得以具体化，要到 1966 年。日本政府当时的计划是修建一座历史民俗博物馆，用以纪念“明治百年”，但直到 1978 年，才在文化厅内设置了国立历史民俗博物馆准备办公室。最终日本国立历史民俗博物馆于 1981 年在千叶县佐仓市建成开馆，首位馆长是东京大学名誉教授、历史学者井上光贞。

日本国立历史民俗博物馆的展示和研究主要基于考古学、历史学（文献史学）、民俗学三大领域。常设展示厅里展出了从数万年前的冰河期到当今的 21 世纪日本列岛民众的生活，以及与之相关的历史和文化。该博物馆与一般的县立、市立历史博物馆、历史资料馆或乡土资料馆不同，还展示日本列岛与中国大陆、朝鲜半岛、东南亚乃至欧洲对外交流的历史资料，以及相关调查研究活动的成果。

除了具备博物馆的展示功能外，日本国立历史民俗博物馆还作为国立大学、研究生院招收学生，同时是直接隶属于日本文部科学省的大学共同利用机构，为全国高等院校的研究者提供支持。在全日本，像这样拥有国立大学、研究生院资格的大学共同利用机构仅有日本国立历史民俗博物馆和位于大阪的民族学博物馆两家，两者都被称为“综合研究大学院大学”，具有博士学位授予权。

日本国立历史民俗博物馆现藏有日本考古、历史、民俗资料约 30 万件，其中约有 1 万件用于日常展示。在收藏倾向上，以往与日本多有交流的中国、朝鲜半岛、欧美地区的历史资料很受重视。整个收藏品分为收集资料和制作资料两大类。收集资料是实物资料，包括古文书、古文献、绘画等历史资料，以及考古资料和民俗资料。制作资料主要是建筑物模型以及古坟、村镇、集落的复原模型，还有各种遗留物的仿制品。收集资料中很大一部分都是由文化厅划归博物馆进行管理的，2004 年博物馆从国有设施转换成为独立行政法人后，从文化厅划归藏品的机制就停止了。

日本国立历史民俗博物馆有大量收藏品被认定为日本重要文化遗产，涵盖绘画、雕刻、工艺品、史料、典籍等大类。较为出名的有《伊势物语》抄本、《源氏物语》残卷六帖、《万叶集》卷十一、《延喜式》卷五十、《紫纸金字华严经》卷六十三等典籍，绢本着色足利义辉像（策彦周良赞）、纸本金地着色洛中洛外图六曲屏风、纸本着色结城合战图等绘画，以及木造地藏菩萨立像等雕刻。值得一提的是，馆内还藏有《周易》卷一至卷六、宋版《后汉书》三十册、宋版《春秋经传集解》十六册、宋版《备急千金要方》二十三册等汉文典籍。

目前博物馆有六个常设展示厅，分别展示史前时代・古代（旧石器时代到奈良时代）、中世（平安时代到安土桃山时代）、近世（江户时代）、民俗（日本列岛的民俗文化）、近代（明治时代到昭和初期）、现代（战后至今）。此外还设有特别展厅和临时展厅，用于各类专题展。

博物馆所藏资料已形成数据库，并在互联网公开，可以通过网站进行资料检索。网址为 https://www.rekihaku.ac.jp/up-cgi/login.pl?p=param/syuz/db_param。

在日本国立历史民俗博物馆所藏明清时期中国海商资料中，笔者聚焦中日贸易相关民俗资料，在本章中收录了以下历史资料与绘画作品：

1. 南京船图；

2. 唐船辐凑图；

3. 册封使船送迎之图；

4.《彩舟流唐船图》；

5.《唐人屋敷景》；

6. 唐馆内贸易图；

7. 丝印（14 件）；

8. 西村贞旧藏玻璃干板舞龙图；

9.《唐人蛇跃图》；

10.《大清人蛇踊之图》。

通过国立历史民俗博物馆所藏资料，我们可以了解清代海商与日本商人之间贸易的实情，如清代海商的船体图，清代海商在长崎的居住地唐人屋敷（唐馆），在长崎演出的推测是舞龙的娱乐活动的绘画作品，出口生丝的丝印，客死日本的清朝海商史料、祭祀资料等。值得注意的是，上述资料中的《册封使船送迎之图》展现的不是从事中日贸易的唐船，而是中国派往琉球册封使船，以及向中国朝贡的琉球船。

资料 8、9、10 是居住在唐馆的清朝人表演的舞龙。资料 8 可以类比本书第二章早稻田大学图书馆藏资料长崎港南京贸易绘图，两者都绘有在天后宫门前表演舞龙的情景，在构图上十分相似。由该图可知，清代海商为了祈祷航海安全而将舞龙敬献给妈祖。

在与唐馆相邻的本笼町，人们模仿清代商人在诹访神社的大型祭礼“长崎くんち”（长崎宫日节）上表演的舞龙。这一习惯传承至今，可见舞龙对日本的民俗文化产生了深远影响。本章最后的那张《长崎诹访神社祭礼——舞龙》（1926年）正是长崎的日本人在诹访神社的祭礼上进行表演的场景。

一、南京船图

清代海商的中式帆船图。清代海商船在日本被称为唐船，根据其在中国的出港地，又称为福州船、南京船等。

本画的作者江艺阁是苏州海商，他通过诗画与日本文人进行交流。文政二年（1819 年）到天保二年（1831 年）期间，他以海商的身份 13 次造访长崎。人们熟知他宠爱长崎丸山的艺妓袖笑（袖咲）的事情，而长崎的艺妓很多都喜爱当时中国民间音乐的清乐。除诗画之外，在音乐等文化交流方面，清代的中日交流研究仍有很大空间。[①]

① 参见松浦章：《对到访长崎的唐船主的书法接受的一种形态》，载《关西大学东西学术研究所纪要》第 53 辑，2020 年 4 月。

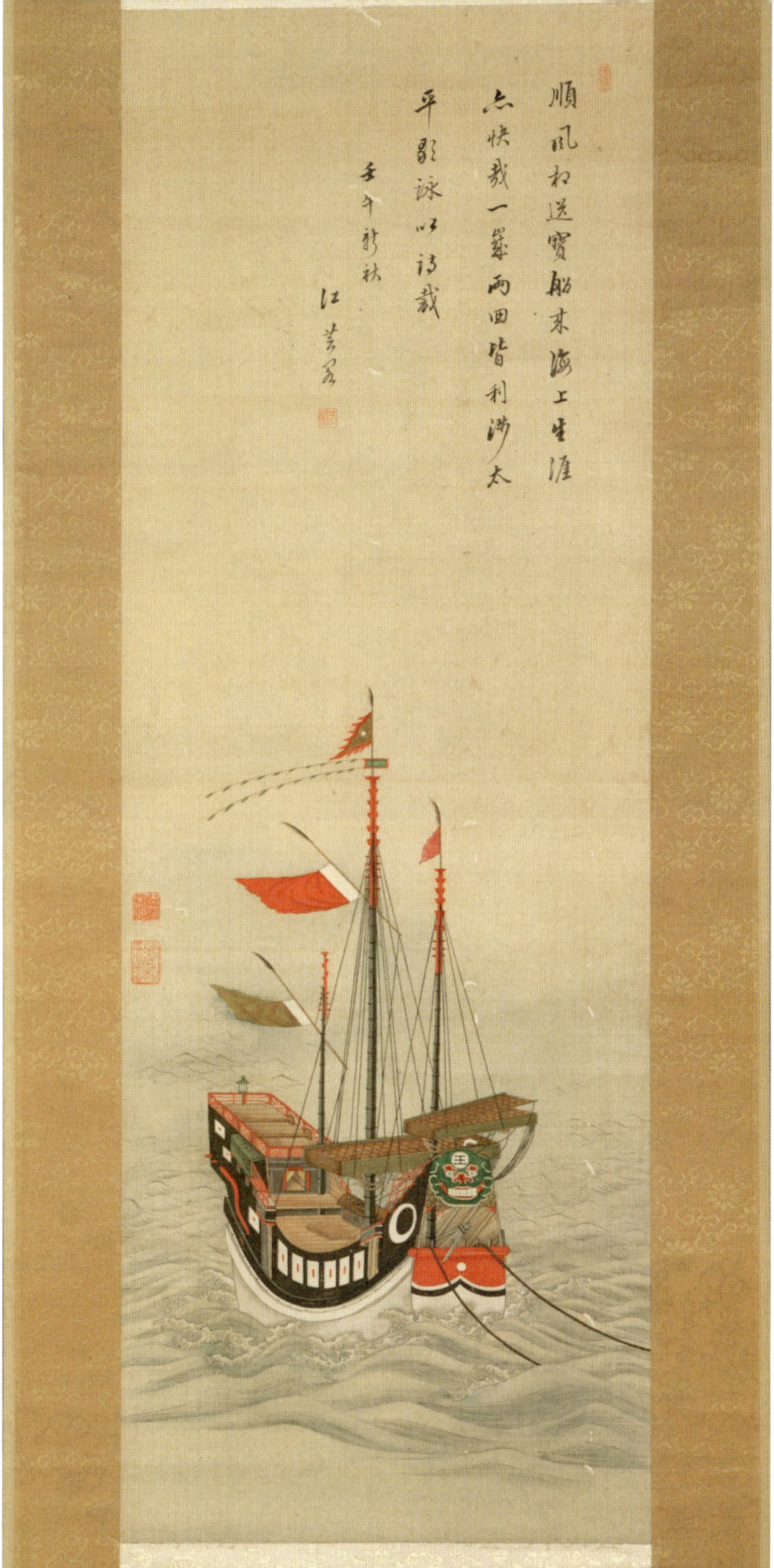
順風相送寶船來海上生涯
亦快哉一艘兩回皆利涉太
平影詠以詩哉
壬午新秋
江芸寫

二、唐船辐凑图

这是一幅描绘五艘中式帆船成队出航的画作。当时的唐船，为了在海难时能相互救助，以及应对荷兰和本国海盗的袭击，经常这样由大约五艘船组成船队航行。

例如康熙三十五年（1696年）七月，来自福建、广东、浙江的五艘船航行到柬埔寨做生意，其中两艘返回中国，其他三艘去往日本长崎。去日本的三艘船中，一艘途经宁波，装载了生丝。然而，这艘商船在海上经历了几次台风，船底漏水，航海工具也被海浪冲走。在弹尽粮绝几乎要沉没的状况下，商船奇迹般地漂到日本得以获救，他们都认为这是神明庇护的结果。这件事情在长崎时也得到了船长

林友官的证实（《华夷变态》康熙三十五年（1696 年）七月十四日、六十九号《柬埔寨船之唐人共申口》）[①]。

① 参见松尾恒一：《清代前期妈祖信仰、祭祀在日本的传播与传承——以欧洲势力进入东亚为视角》，见荒见泰史编：《佛教的东渐和西渐》（《亚洲游学》251 号），勉诚出版，2020 年 8 月。

三、册封使船送迎之图

这是描绘中国派往琉球的册封使船和琉球接送船的画作。自 1372 年到 1879 年的 500 余年间，琉球国一直是中国的藩属国。在琉球国王更替、新王即位之时，中国朝廷都派遣册封使出访琉球。清代的册封使船共出海八次，其中六次是用军船和商船，两次是专门建造新的册封船。琉球称中国的册封船为冠船，船体巨大，船员少则 300 余人，多则 700 余人。册封使直接由皇帝任命，和随行人员从京城出发，造访福建，挑选或建造册封船。因为册封船关乎国际形象，朝廷和地方官员都十分重视，在造船的每个重要节点，册封使和当地官员都要举行拜神仪式。

从图中船只的装备推测，所描绘的是嘉庆十三年［文化十三年（1808 年）］、道光十八年［天保九年（1838 年）］的册封使船和琉球船。一般画进贡船的图画只描绘琉球船，但琉球船有接送来自中国的册封使船的习惯。图中所绘的小船，推测是从两艘大船上卸下来的。在本图中可以看到接送的具体情形，这是非常珍贵的。这幅画同时是展现清代中国与琉球交往历史的珍贵资料。

四、《彩舟流唐船图》

彩舟流是日本长崎华侨社会的传统仪式，来源于中国东南沿海的“送王船”。元龟二年（1571 年）长崎开港后，中国海商长期进驻长崎，从事商贸活动。他们在日本政府的管控下入住唐馆，但日本政府也充分尊重中国海商的习俗，允许他们修建兴福寺、福济寺、崇福寺、圣福寺等，并在寺内举行法事。在此背景下，以唐馆为中心，承袭国内送王船仪式，在日海商举行彩舟流的祭祀活动，供奉客死日本的海商亡魂。[①]

天保十五年（1844 年）二月，在日海商在唐馆内制作唐船模型，举行祭奠仪式。本图以模型船为原型，记述祭灵的祭礼概要。其具体状况记录在《长崎奉行所·分类杂载四》[收录于近代文书研究会“长崎史料丛书”（第三集），1978 年] 中。这些记载揭示了仪礼中颇具意味的内容，包括由中式寺院僧侣进行法事“焰口施饿鬼”，以及将清代海商船员模样的纸人放入唐船模型等。长崎人好奇地围观中国人的祭礼，对他们焚烧唐船模型祭奠死者的做法很感兴趣。

① 参见黄燕青、任江辉：《中国海洋民俗文化在日本的传播及影响——从“彩舟流”到“精灵流”》，载《集美大学学报》（哲学社会科学版）2021 年第 24 卷第 4 期。

綵舟流唐船圖

長サ 拾弐間余
巾 七尺余
大桂 三丈半余

天保十五辰年二月於長崎館内船模造
日本産物交易品並ニ宗廟各夜賊穀ヲ採
粮酒肉野菜薪水悉ク積入同月朔日ヨリ
十日迄三ヶ寺衆僧日々誦經執行ス十日
浮船十一日湊ヲ帆在館唐人沐浴衣更
供係焼金銭 値庫ヲフリ南福漳
楽ヲ拍子踊ヲ催 船主ヲ初各来
拝霊ヲ祭リ於洋中船ヲ焼消ス
文政元寅年ヨリ当年迄船来死去唐人

揚秋棠 鈕梧亭
船主 王宗昂 王竹安
財副 孫渙村 沈耘穀
劉景筠 沈綺泉
高瑞雲
惣宗組 霊弐百八人 一聖福寺
南京 興福寺
福州 崇福寺
漳州 福済寺
霊祭執行

蕉 北巴菊庵

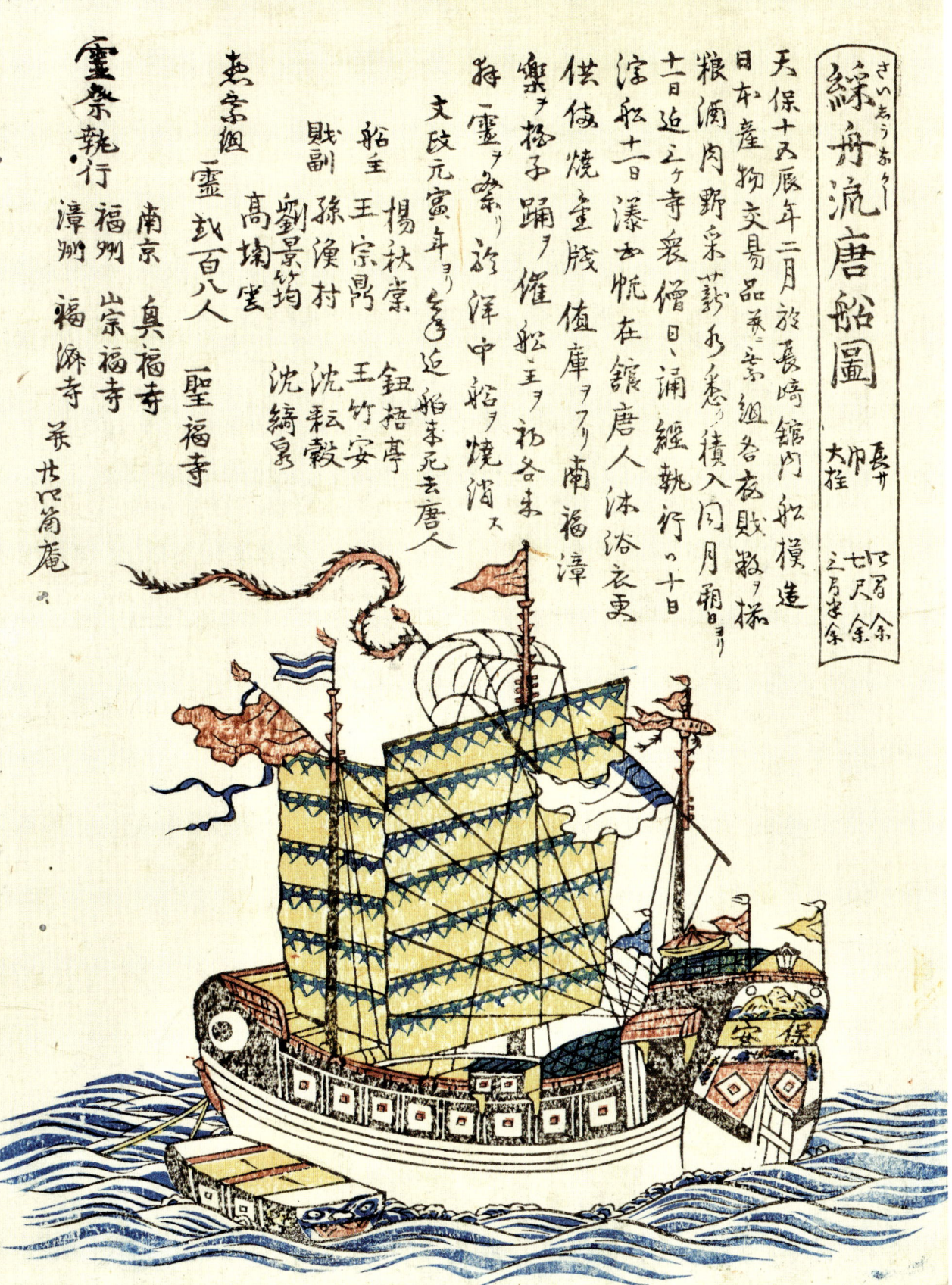

五、《唐人屋敷景》

元禄二年（1689 年），江户幕府为了更好地管理外国人，将居留日本的中国人安排在长崎的唐馆（日文为“唐人屋敷”）居住。图片的空白处写有“元禄元年仅清国商船就有七十艘”字样，可见当时中日通过海商进行的贸易十分兴盛，侧面印证了唐馆的规模。

从本图中我们可以了解到唐馆的具体情况。除大门周边以外，唐馆被一圈枳树包围，圈内另有一圈围墙。枳树和围墙之间有一道壕沟，要从围墙出入非常困难。图片中部靠下有一列队伍。这一仪式是为了将商船中的妈祖像安放到唐馆内的天后宫，名叫妈祖巡行。日本人中，除了商人和幕府的差役，只有长崎的艺妓能够进入唐馆。

南葵文庫

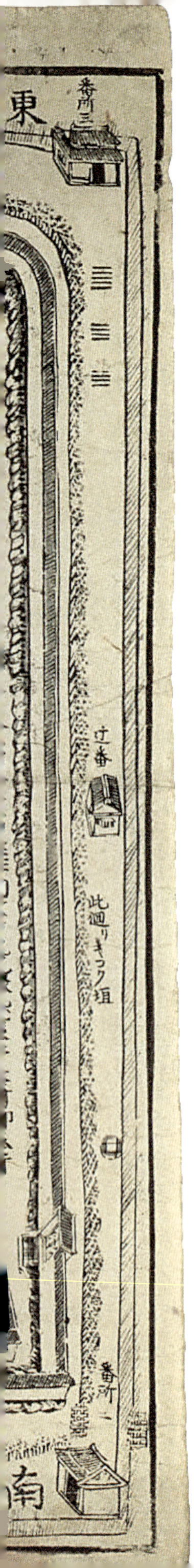
東
番所三
辻番
此通りキコク垣
番所二
南

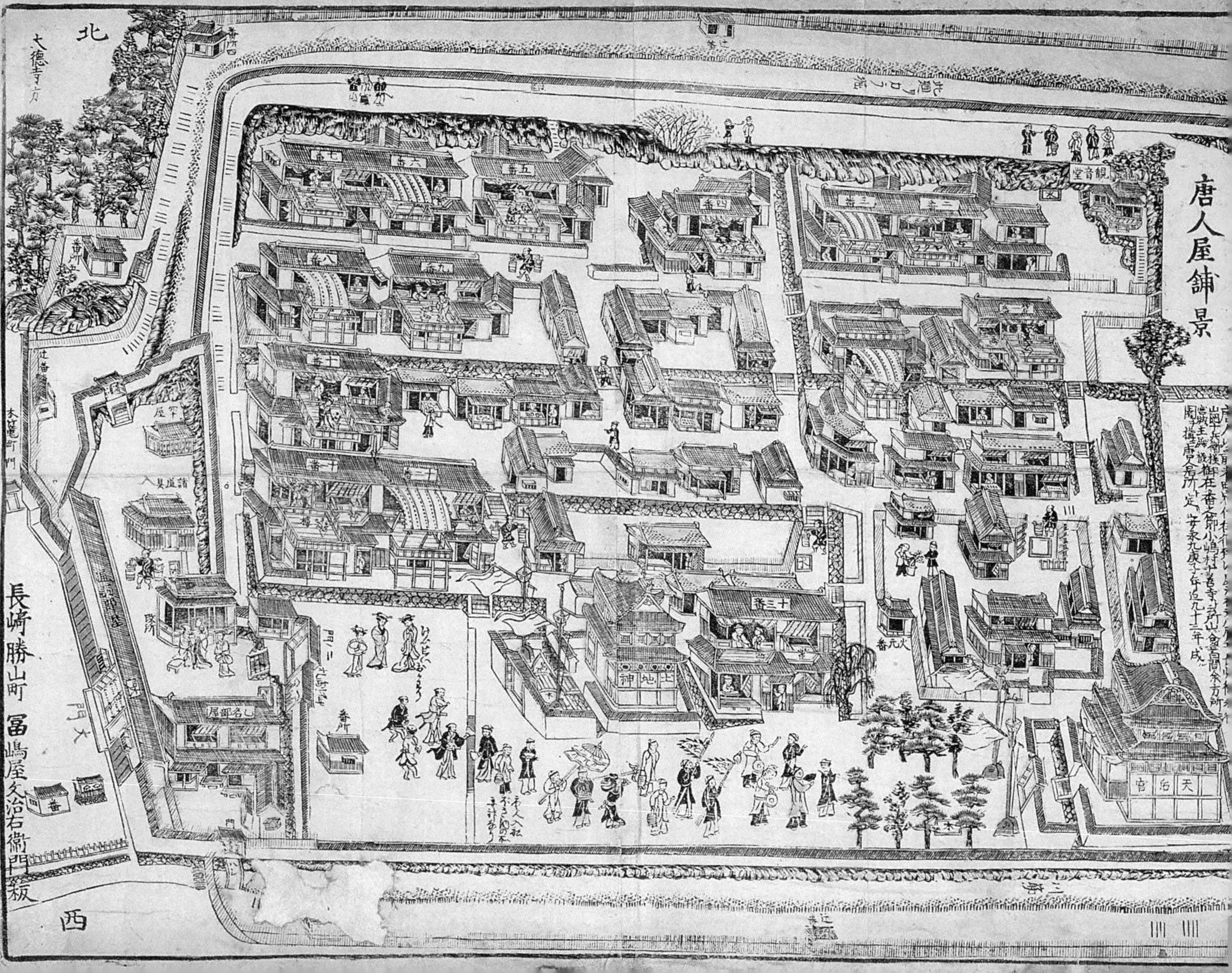
唐人屋鋪景
元禄元年清国商船ヲ限リ七拾艘ト為ス
長崎勝山町
冨嶋屋文治右衛門板
北
西
観音堂
天后宮
土地神
一番
二番
三番
四番
五番
六番
七番
八番
九番
十番
十一番
十二番
十三番

六、唐馆内贸易图

日本政府只允许清代中国海商在唐馆和日本商人进行贸易。门的旁边有长崎奉行所官员的小屋，可见日本人和外国人的贸易活动是在幕府的管理下进行的。此外，从着装一眼就能看出清代中国商人和日本商人的区别。唐馆内的房屋变成了陈列商品的商店，有趣的是，它们像日本的商店一样在店头挂着门帘。图中还能看到给商品称重的秤。

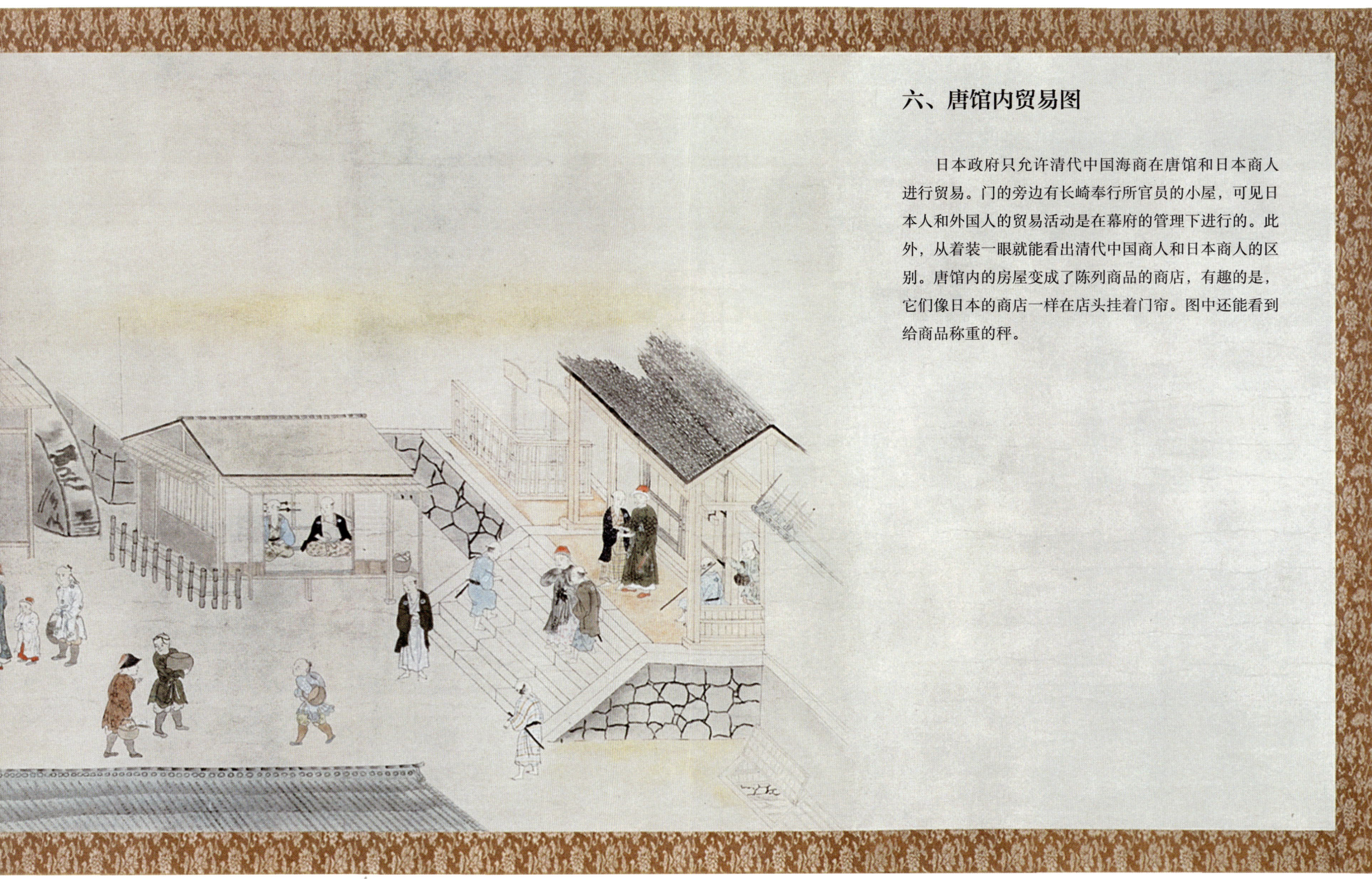

七、丝印（14 件）

从中国进口的生丝上盖有印章。每 1 斤生丝盖有 1 个铜印或黄铜印，表示货物的分量经过了检查，同时在收据上盖这个印章作为交易的证明。印章上有穿绶带的孔。因这些印章与生丝有关，后人将其命名为“丝印”。目前馆内藏有丝印共 14 件。

【参考】郑氏丝印，17 世纪，金属，高 4.4cm（出自日本财团：《海与船的策划展——大航海时代的平户地区和女性们〈解说书〉》，https://nippon.zaidan.info/seikabutsu/2006/00329/contents/0002.htm）

刻有“郑氏”二字的金属丝印，来自江户时代郑芝龙建造的住宅平户川内，很有可能是郑芝龙在松浦氏的庇护下和日本进行贸易，向日本出口生丝时所用的印章。另外，郑芝龙的儿子郑成功以台湾为据点，继承了郑芝龙的贸易，其利润成为抗击清军的军费。

八、西村贞旧藏玻璃干板舞龙图

据推测，这幅玻璃干板绘画反映的是清代中国人在唐馆内的天后宫前供奉妈祖时舞龙的场景。这幅图与本书第二章长崎港南京贸易绘图中的一幅构图十分相似。

【参考】《长崎古今集览名胜图绘》清代长崎海商舞龙表演

【参考】当代长崎舞龙表演

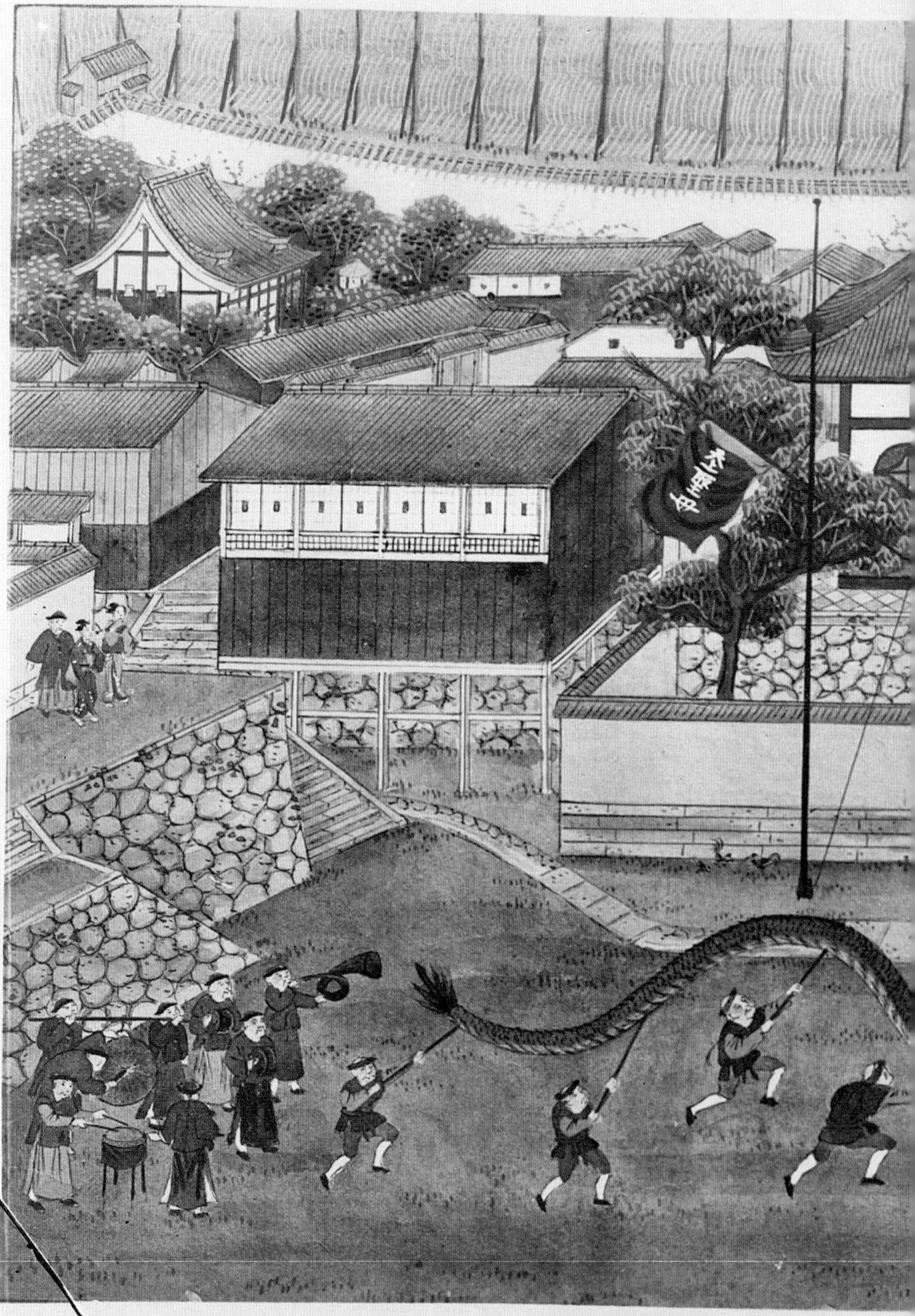

九、《唐人蛇跃图》

“蛇跃”即舞龙。这是一幅描绘清代中国商人表演舞龙的彩色版画，推测画的内容是中国商人在唐馆内或在长崎市内表演舞龙。

唐人蛇躍図

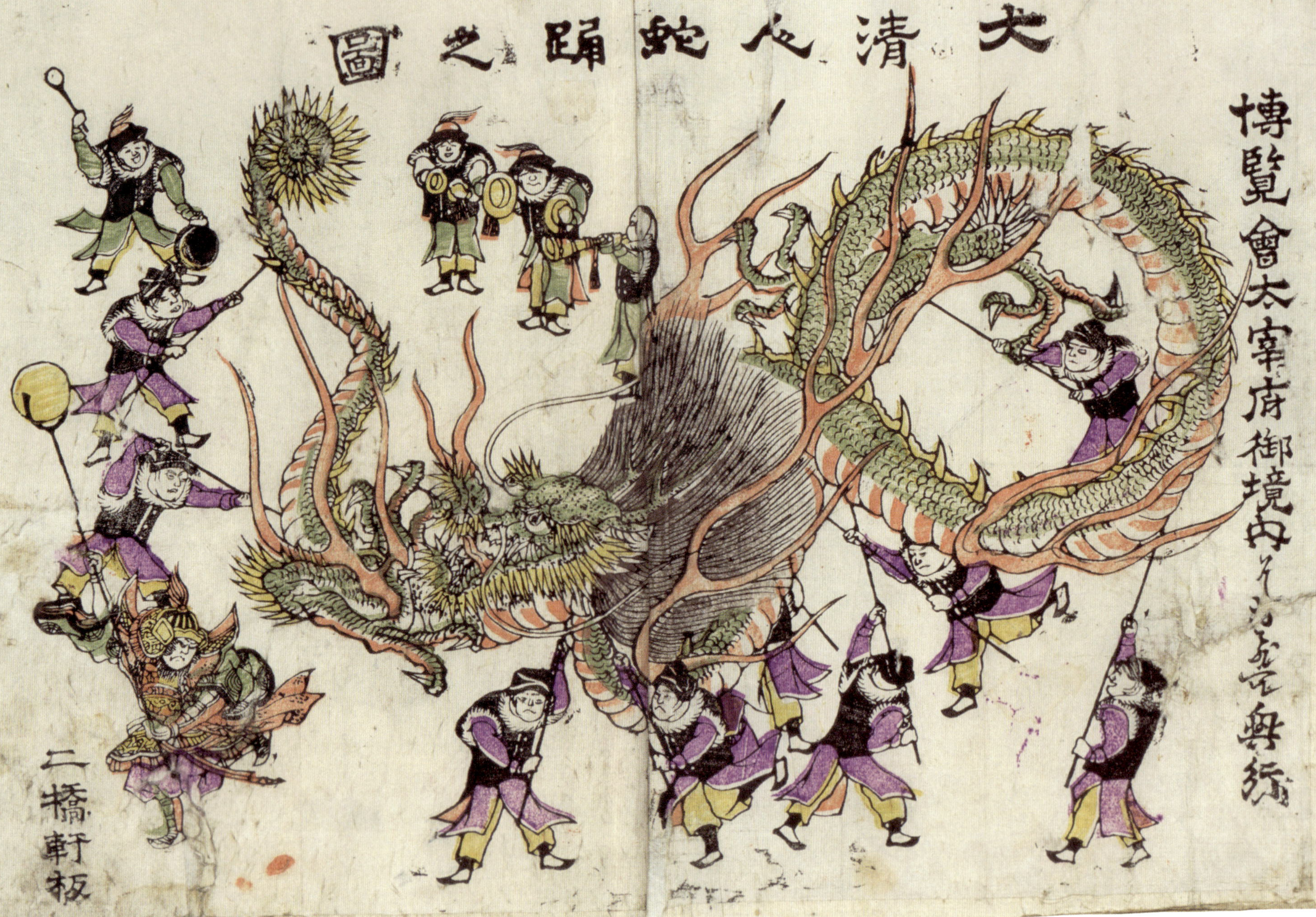
大清人蛇踊之圖
博覧會太宰府御境内におゐて興行
二橋軒板
十一

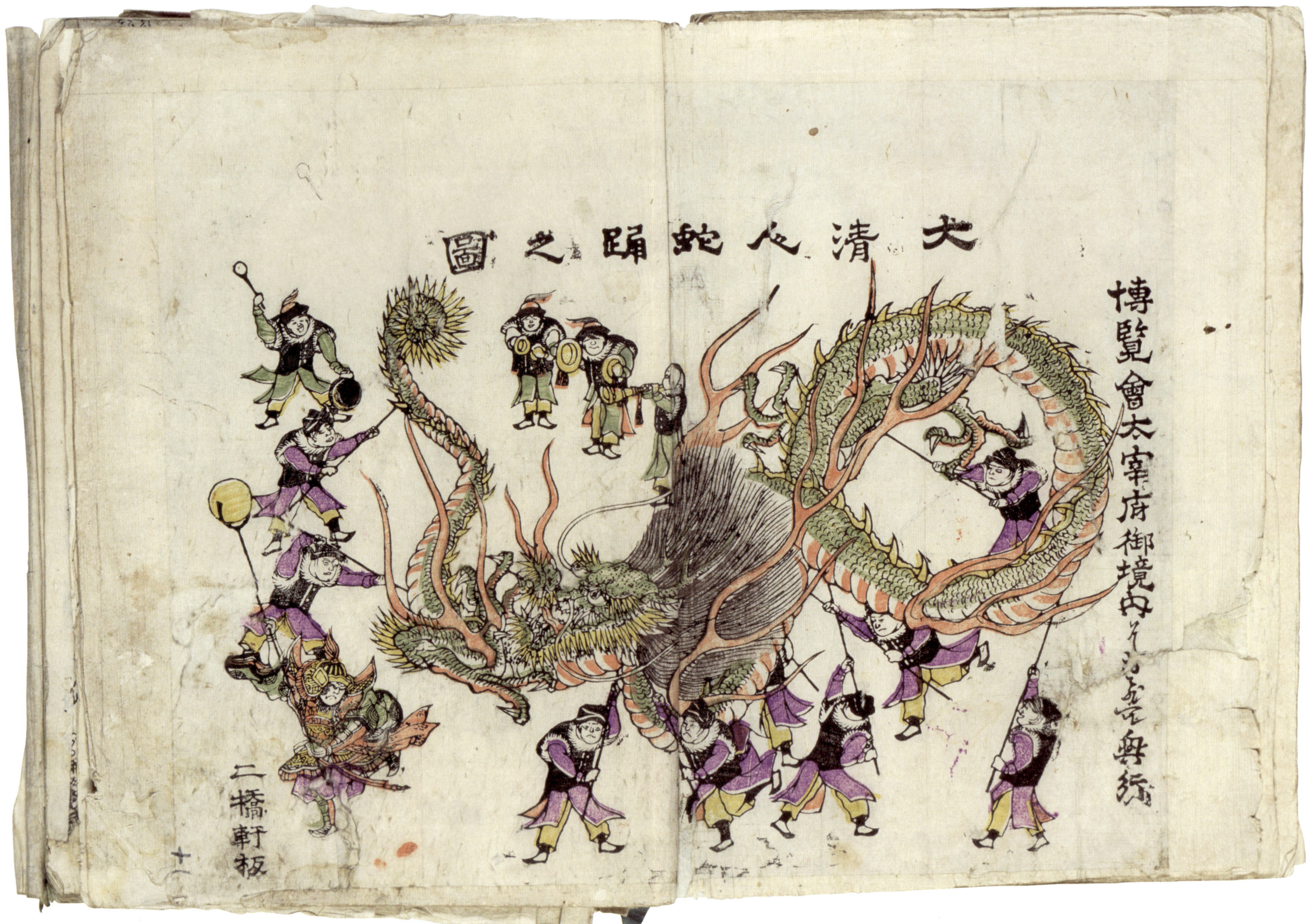

十、《大清人蛇踊之图》

“蛇踊”即“蛇跃”，亦即舞龙。明治六年（1873 年）二月，福冈太宰府内举行了博览会。该博览会以福冈县太宰府神社（天满宫）的神官和当地民众为中心。在博览会开始前，这里举办了一系列表演活动。在活动中，来自中国的艺人在太宰府天满宫内表演了舞龙，可以推测在场观众喜悦的样子。

【参考】昭和元年（1926 年）《长崎诹访神社祭礼——蛇踊》民俗艺术资料照片

第二章

早稻田大学图书馆所藏资料

场馆名称：早稻田大学图书馆
场馆地址：东京都新宿区西早稻田 1-6-1
场馆主页：https://www.waseda.jp/library/

早稻田大学的前身为东京专门学校，是后来成为内阁总理大臣的政治家大限重信于 1881 年创立的。随着 1920 年日本政府颁布大学令，早稻田大学和庆应大学一起成为最早一批被政府认可的私立大学，两所大学并称“私学双雄”。早稻田大学目前有 10 个校区，设 13 个学部和 25 个研究科，特别重视国际交流，在校留学生人数长期在日本占据榜首。

早稻田大学图书馆的历史可以追溯到其前身东京专门学校。最初是 1882 年学校在老校区设立的图书室。1902 年东京专门学校更名为早稻田大学后，开始着力健全大学组织，由此早稻田大学图书馆成为一个独立机构。1925 年，新图书馆大楼完工，图书移入新馆。1991 年又建成中央图书馆，图书馆的主要机构都转移到这里。目前的早稻田大学图书馆以中央图书馆为中心，设有 4 个校区图书馆（高田早苗纪念研究图书馆、芦山图书馆、理工学图书馆、所泽图书馆），另有学生读书室、教员图书室等，共计超过 20 个图书馆和图书室。

早稻田大学图书馆是日本规模最大的大学图书馆，目前藏有超过 500 万册图书。从第一任馆长市岛谦吉开始，图书馆就积极收集资料，重视资料的文化价值。由于其悠久的历史，馆内还保存有许多关东大地震以及二战以前的图书，部分藏书甚至国立国会图书馆也未能收藏。收藏品中有两件被认定为日本国宝，另有五套资料被认定为国家重要文化遗产。其重要藏品还包括与大学创立者大限重信相关的政府资料和信件、明清时期中国军队相关书籍、连歌师宗祇和心敬的原稿、近代日本法体系的历史资料等。此外早稻田大学图书馆还藏有不少珍贵的古文书、图像资料，如室町时代的写本敦盛绘卷、室町时代歌人三条西实枝所写的莳绘匣装《源氏物语》54 册、井原西鹤《好色一代男》初版等。

早稻田大学图书馆不仅积极收集日本史、日本文学的原典资料，对日本以外的广大亚洲地区的资料也多有收藏，其中包括与中国的民间信仰、风俗等相关的民俗资料。在这些收藏中，中国文学研究巨擘泽田瑞穗（1912—2002年）收集的《风陵文库》举足轻重。这是包含中国民间信仰、文艺等内容的一大全书。其中被称为宝卷的说唱文学相关资料大约有200部，甚至有明代的版本，在数量和质量上非常突出。其余还有正月用来装饰的年画（主要是彩色雕版年画）和纸钱，各时代、各地区流行的民间技艺，与戏曲相关的乐曲（通俗曲目），等等。不少珍贵的资料在中国大陆还未见收藏。

值得一提的是，早稻田图书馆还藏有哥顿（Gordon）文库。这是在东方研究及佛教、景教研究方面造诣颇深的英国人 E. A. Gordon 夫人（1851—1925年）收集的资料群，共包括宗教相关的西方书籍和佛经、画像等586种，计1279部1485册。

这些所藏资料业已形成数据库，并在互联网上公开，可以通过网站进行检索。网址为 https://waseda.primo.exlibrisgroup.com/discovery/search?vid=81SOKEI_WUNI:WINE&tab=LibraryCatalog&search_scope=MyInstitution。

以下将介绍8件早稻田大学图书馆藏资料：

1. 长崎港南京贸易绘图；
2. 观音佛祖、镇宅平安符；
3. 内天后宫天上圣母镇宅平安符；
4. 大天后宫天上圣母镇宅平安符；
5. 鹿港旧祖宫天上圣母镇宅平安符；
6. 三圣帝君镇宅符；
7. 大天后宫；
8. 天后娘娘。

一、长崎港南京贸易绘图

藏于早稻田大学图书馆的这组图卷由 12 个幅面构成，长约 517 厘米，宽约 29 厘米。本画作是彩色作品，描绘了在长崎的清代商人与日本人进行贸易的实际情况，以及文艺表演、亡灵祭祀等民俗活动，可谓是重要的民俗资料。图卷年份和作者不详，从内容推测应是清代所作。

从图卷的名称上就可以看出，长崎港南京贸易绘图画的是来自南京的清代商船。作品描绘了清代商船在长崎开展贸易的情景，呈现了从清代商船上卸货，到将商品搬运到唐馆的样子。这幅画对于研究唐馆的建筑样式而言也是非常重要的资料。此外我们还可以看到海商在唐馆内与长崎艺妓玩耍的样子。唐馆内的天后宫也在画中，其正面表演的舞龙应当是敬献给妈祖的。天后宫的旁边还有个戏台，因为没有基石，应该是临时搭建的。画中可以看出台上有奏乐，还有舞蹈或者戏剧表演。这些演出很可能也是敬献给妈祖的。

画卷的后半部分，描绘了焚烧唐船的场景。这是为了祭奠客死长崎的清代海商亡灵，是在海滨焚烧唐船模型的祭灵仪式。这里的海滨，应当对应本书第一章国立历史民俗博物馆藏资料《彩舟流唐船图》中的海滨，可能是离长崎港不远的小岛“白太尾”（高岛町尾浜）。

画卷的最后部分描绘了为了祈祷航海安全，将船上的妈祖像安放到唐馆内天后宫中的妈祖巡行场景。

ネ3
3827

天上聖母

太平歌舞

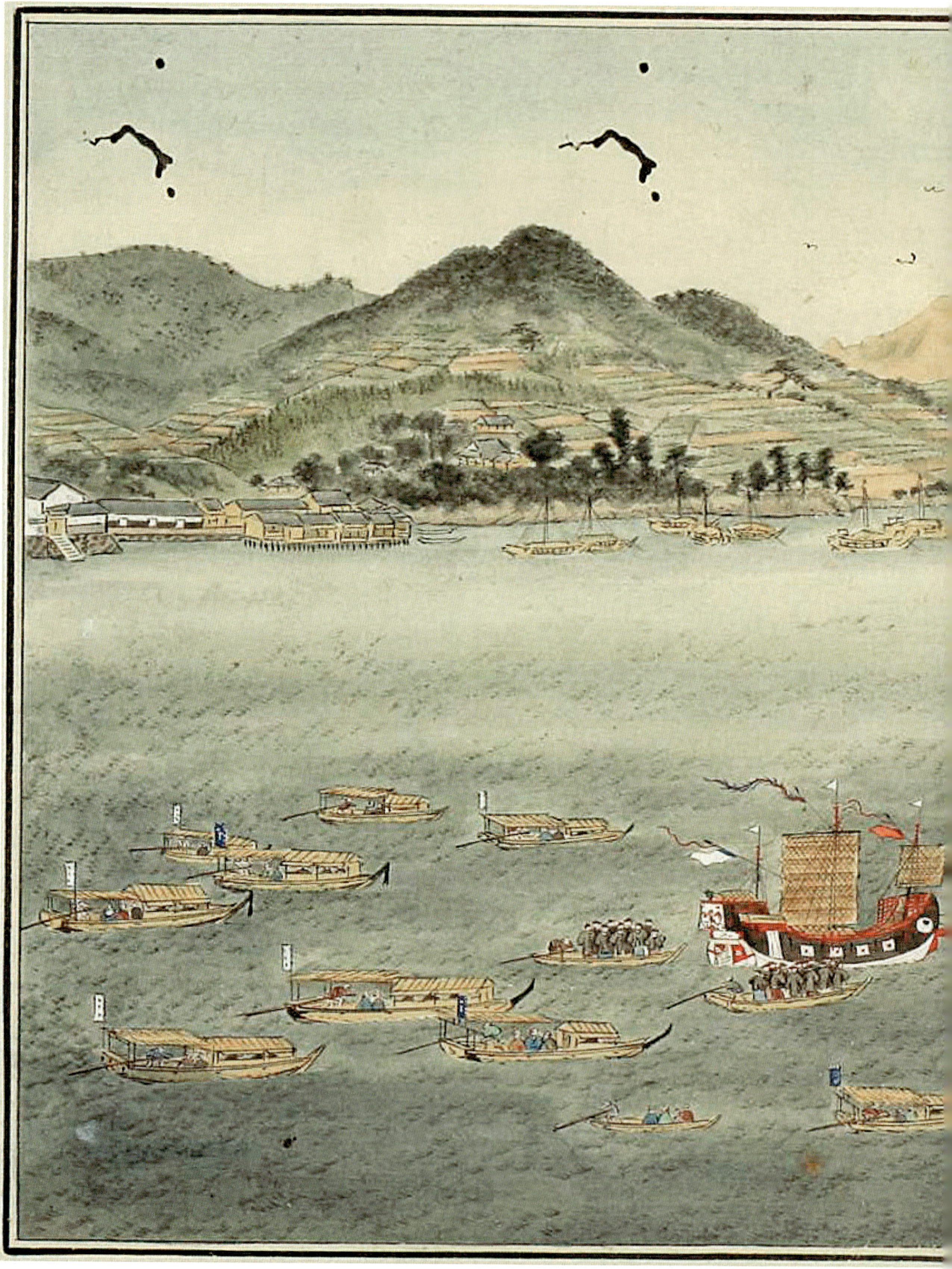

二、浅井藏品

资料 2 至 8 都是早稻田大学图书馆《台湾・满洲民俗版画：浅井藏品》中的资料。据图书馆网站上的介绍，本藏品为昭和十一年（1936 年）二月从收集者浅井暹氏处购买的"台湾・满州土俗版画"。遗憾的是关于这些资料的收集缘由目前不得而知，但是根据这些资料的邮寄信息可知，应该是通过西村真次[①]教授收藏的[②]。

此外，该网站的其他网页中登载了浅井暹关于该资料的解说[③]。

镇宅是祛灾避邪、祈祷平安的祭祀仪式。西汉学者淮南王刘安（前 179—前 122 年）编撰的《淮南万毕术》中有这样的记载："埋石四隅，家无鬼。"可知镇宅仪式可以追溯到公元前。编撰于明朝的《正统道藏》中收录了《太上秘法镇宅灵符》，可见道教的镇宅仪式及灵符的制作至少延续到了明朝。

从本书收录的多张镇宅符"观音""天上圣母"中可以看出，在清代的台湾，妈祖不仅是保佑航海安全的神灵，同时起镇宅的作用。人们委托道士进行镇宅仪式，这些镇宅符很可能是拜托道士画上或是贴上的。作为相关研究的资料，这些镇宅符具有重要价值。

由于台湾与福建有着密切往来，这些习俗有可能是从福建传来的。这也许会成为中国民俗研究的重要课题。据日本道教仪式的研究者浅野春二介绍，台湾关于道教仪式的研究较多，但鲜见关于符的研究。浅野在其论文《庆土科仪中的镜符》[④]中，论述了辟邪用的镇宅符，以及台湾道教仪式"庆土科仪"中的符。期待今后能有与解说妈祖、观音信仰相关的镇宅符及其仪式的论著。

---

① 西村真次（1879—1943 年），日本历史学者、考古学者、文化人类学者、民俗学者，早稻田大学教授，日本首位将文化人类学写入专著的学者。

② 关于该资料收录的部分介绍信息，参见 https://www.wul.waseda.ac.jp/kosho/ni16/ni16_2272/。

③ 参见《台湾土俗版画略解说》部分内容，https://www.wul.waseda.ac.jp/kosho/ni16/ni16_2272/taiwan_kaisetsu.html。

④ 浅野春二：《庆土科仪中的镜符》，见国学院大学编：《国学院杂志》第 106 号，2005 年 11 月。

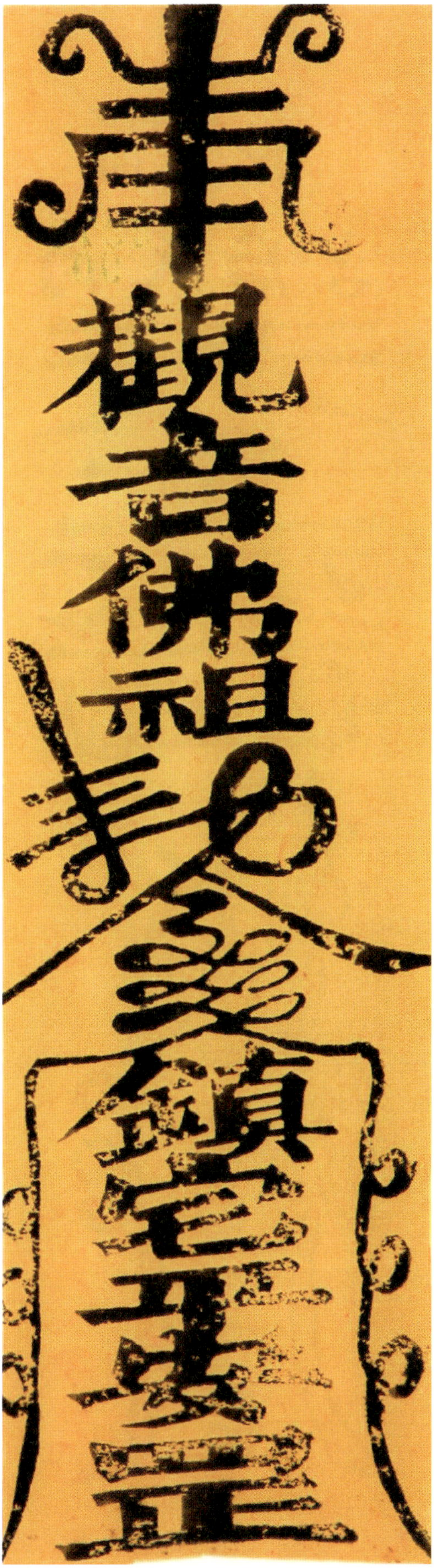
觀音佛祖
鎮宅

内天后宫

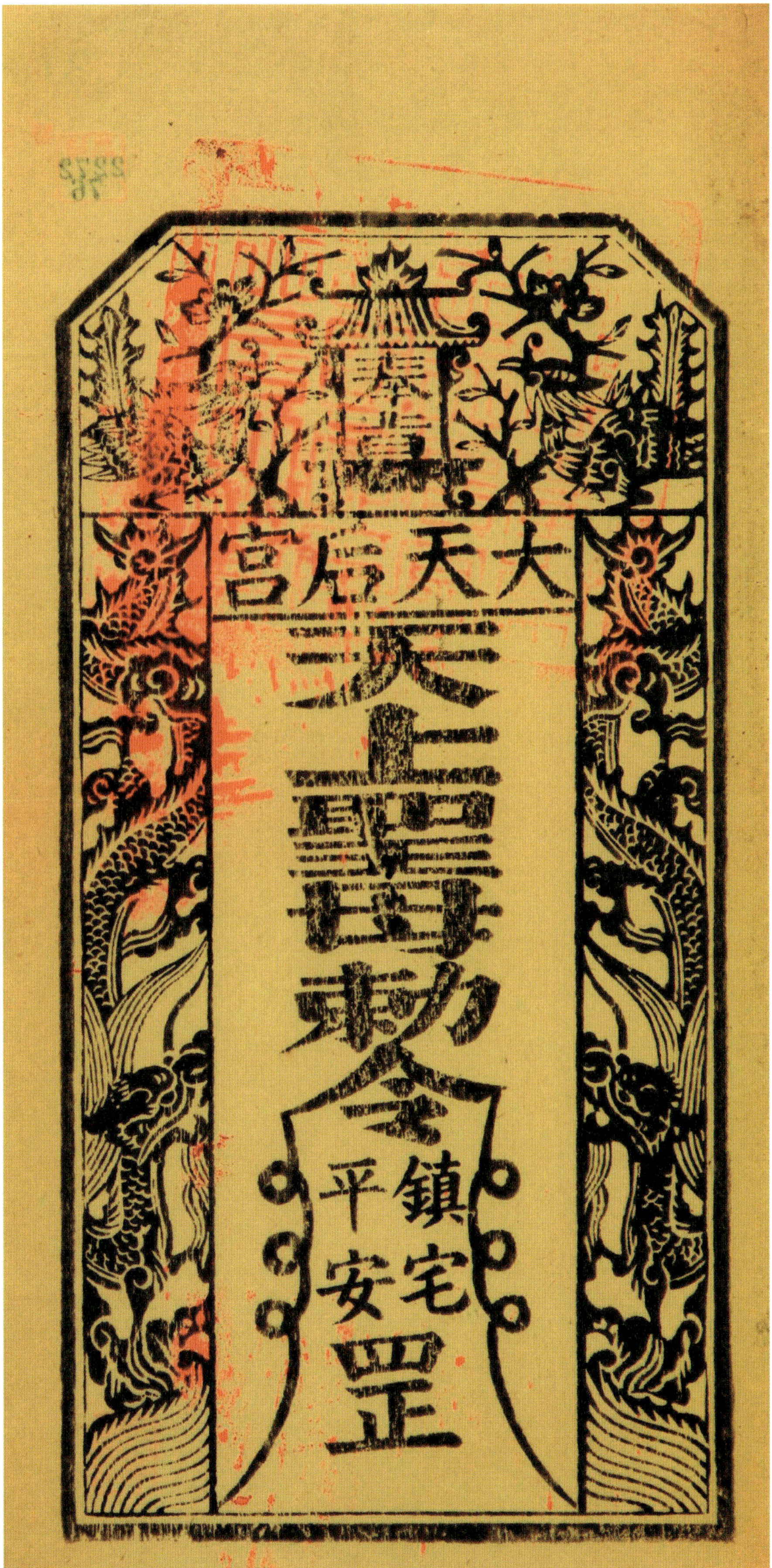
大天后宮
天上聖母勅令
鎮宅
平安
罡

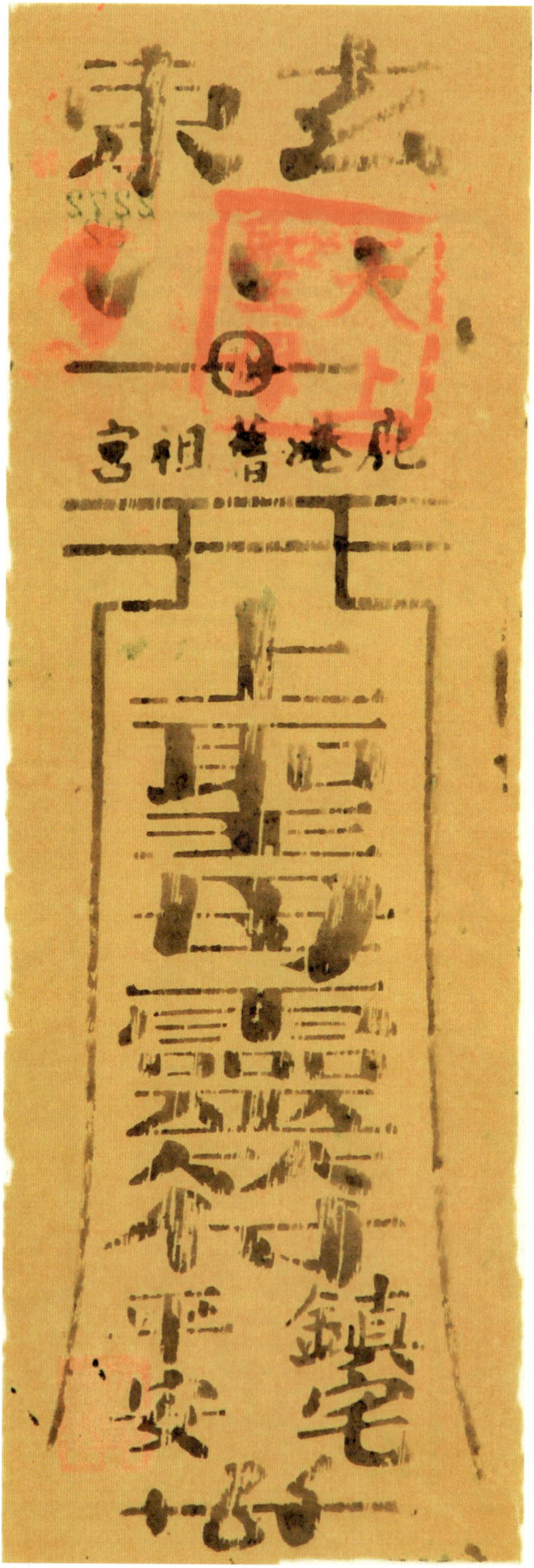
鎮宅
平安

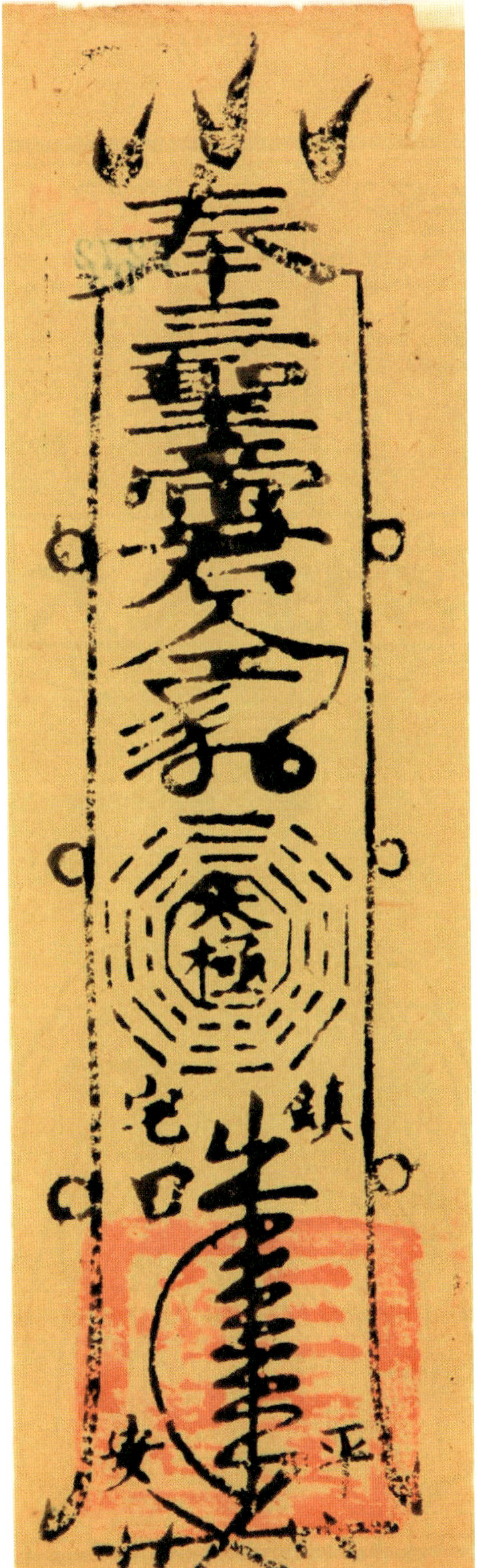
奉
太極
鎮
宅
安
正

奉旨
大天后宮

天后娘娘

第三章 国立公文书馆所藏资料

场馆名称：日本国立公文书馆

场馆地址：东京都千代田区北之丸公园 3 番 2 号

场馆主页：https://www.archives.go.jp/

在许多国家，政府内部和对外发布的公文都会作为史料或参考资料妥善保存。尤其是欧洲各国在 18 世纪以来建立了近代的公文书馆制度。如今，公文书馆和图书馆、博物馆一起成为文化设施的三根支柱。

在历史上很长一段时间里，日本国内各级政府的公文都保存在政府办公地。后为便于保存和公开，日本政府把江户幕府（1603—1867 年）以来的古文书、古书以及内阁文库所收藏的资料都集中起来，在总理府设置附属机关单独保存，这个附属机关可以说是日本第一个公文书馆。战后，为了防止公文的散轶，以及公开公文的需要，日本政府意识到需要一个专门的设施来存放和展示公文。1959 年 11 月，日本学术会议会长正式向内阁总理大臣提出建立国立公文书馆的建议。

在建议的基础上，日本政府认真讨论了公文书馆的必要性，考察了国内公文的保存状况，通过了公文使用的方案，并参考了外国公文书馆制度。最终在 1971 年，位于东京都千代田区北之丸公园的国立公文书馆正式开馆，主要公开了日本历史上比较重要的公文。目前公文书馆共收藏有明治时代（1867—1912 年）以来的公文约 60 万册（收录至 2006 年 3 月）以及旧内阁文库约 53 万册。为了便于阅览，这里专门设置了阅览室，还有常年开设的展厅以及不定期举行的特别展。

公文书馆所藏资料中，最重要的是内阁文库。1873 年，太政官设置图书挂一职，专职管理太政官所用的图书。1884 年，太政官设立太政官文库，将政府各部门所藏的各种图书统一收集管理，并设置文书局记录科专门负责这项工作。文库收集了旧幕府时期的“红叶山文库本”等珍贵图书，成为日本屈指可数的集合中日乃至西方图书的全书。

1885 年，随着内阁制度的建立，太政官进入内阁，文库的名称遂改为内阁文库。书库受到容量的限制，又几度遭遇天灾，频频遭受损失。终于在 1911 年皇居大手门内新建了砖瓦结构的书库，将内阁文库迁到这里。此后普通研究者也可以阅览，或是利用它进行学术研究。1998 年 7 月，在筑波研究学园都市里，建立了公文书馆分馆作为总馆的补充，且另设书库。

1987 年，日本制定公文书馆法，并在 1999 年制定国立公文书馆法，对国立公文书馆的设置依据、职责等方面进行了法律上的规定。馆法规定国内各个机关所藏的公文，其保存和使用（包括阅览和展出）相关权责都由国立公文书馆承担。公文成为国民共同的财产，公文书馆有责任将它们妥善保管，便于后世使用。2001 年 4 月，作为国家行政改革的一环，国立公文书馆改制成为独立行政法人。同年 11 月，根据内阁决议，国立公文书馆下设置亚洲历史资料中心，用于推进亚洲历史资料整理工作。亚洲历史资料中心目前正将国立公文书馆、外务省外交史料馆、防卫省防卫研究所图书馆等机构所保存的历史资料数字化，通过在线方式提供信息。

现在不少资料已经完成数字化，可以通过公文书馆的数码档案室（digital archive）来检索馆藏的资料。网址为 https://www.digital.archives.go.jp/。

国立公文书馆所藏资料大体分为六类：

一是宪法类，包括日本国宪法、大日本帝国宪法、国宪起草之诏书、国会开设之敕谕、终战之诏书等手抄本；

二是重要公文类，包括天皇即位的仪式方案、锦旗和军旗方案图、纸币样板、与各国的国书、官员委任状等；

三是重要图绘类，包括日本元禄、天保时期的地图、乡账抄本（县志）、各地大名所建城堡的地图等；

四是日本古文书类，包括《本朝续文萃》《管见抄》《北槎闻略》《朽木家古文书》《诸宗末寺帐》《寻宪记》《三箇院家抄》《经觉私要》《阿兰陀本草和解》《庶物类纂》《庶物类纂图翼》《贞享历》《大乘院寺杂事记》等；

五是汉文书类，包括宋代陈舜俞的《庐山记》、元代的《全相平话》、苏轼的《东坡集》抄本、宋代高似孙的《史略》和《子略》、宋代的《周易新讲义》、宋代秦观的《淮海集》、宋代洪咨的《平斋文集》、宋代音韵书《钜宋广韵》、北宋黄庭坚的《豫章先生文集》、北宋苏辙的《颍滨先生大全文集》、南宋李刘的《梅亭先生四六标准》等抄本；

六是杂项资料类，包括年号相关资料、博物图、绘卷、防空相关资料及图解、主要城市战争灾难概况图、播报用资料等。

可见国立公文书馆除官方文书以外，也收藏有大量中日古文书、图像资料和杂项资料，可谓包罗万象。笔者对其中有关中日贸易的民俗资料进行考察，最终筛选出以下几种：

1.《增补华夷通商考》五卷；

2.《长崎土产》；

3.《唐船漂着记》；

4.《宽政丙辰唐船漂着记》；

5. 长崎来航唐船海士菩萨帜。

由于中日贸易和日荷贸易的不断开展，日本越来越有必要了解各国、各地区的实情。不仅如此，随着人们对外国兴趣的增加，地方志、风俗、物产的读本在一般群众中也逐渐流传开来。

到达日本的外国船只大多是以贸易为目的的，但也有不少中国、朝鲜半岛的渔船，以及欧洲的海商船漂流到这里。为了国防安全，衙役们有义务记录下这些漂到日本的船只情况，以及他们的航海状况，并报告给幕府。本章收录的《宽政丙辰唐船漂着记》就是有关从广州漂流到日本的船只的记录，这也是了解当时中国渔船、渔业实情的珍贵记录。

一、《增补华夷通商考》五卷[①]

西川如见（西川求林斋）是江户时代中期出身于长崎的天文学和地理学者。他在元禄八年（1695 年）京都出版的日本最早的商业地志《华夷通商考》上下两卷的基础上，于宝永五年（1708 年）将其增补为五卷本《增补华夷通商考》。该书主要记述中华十五省，以及朝鲜、琉球、吕宋等亚洲诸国和荷兰等欧洲国家的相关情况，包括与日本的距离、相对日本的位置、气候、风俗、物产等，为日本和外国的通商提供参考。当时荷兰的东印度公司在日本与中国海商展开了贸易竞争，因此通过本书也能够认识那时的中日贸易、日荷贸易，并进一步了解清代中国、荷兰等世界各国的概况。

此外，《增补华夷通商考》加入了地图、风俗图等图解，成为当时日本人详细了解包括中国在内的世界各国人的生活、风俗的珍贵资料。

① 文物出版社已于 2010 年全文影印出版《增补华夷通商考》，本书不再收录。

二、《长崎土产》

《长崎土产》成书于弘化四年（1847年），是矶野信春[①]以长崎相关的图录为中心编纂而成的地方志，笔触生动，图文并茂。

长崎港是江户时代日本与中国、荷兰进行贸易的唯一港口。当时规定中国人和荷兰人必须居住在唐馆和出岛。为了给客死长崎的中国海商举行葬礼法事，日本方面建造了被称为唐寺的黄檗宗寺院。由此，中国的宗教信仰和习俗等相关文化在日本流传开来。该书收录了很多关于中国商船祭祀妈祖，以及将其搬运并安放于唐馆时进行的妈祖巡行等资料和图片。在收集大量富有清代中国民俗特色绘画的同时，也附带介绍了同时期居住在长崎的荷兰人的生活状况。

① 矶野信春，又称矶野文斋，江户时代长崎的浮世绘师、出版商，在长崎的今锻冶屋町角经营一家名为文彩堂大和屋的出版行。1821年赴江户跟随溪斋英泉学画，1823年返回长崎，开始一边经营一边绘画。《长崎土产》《长崎八景》《圣寿山崇福禅寺之图》等都是他的作品。

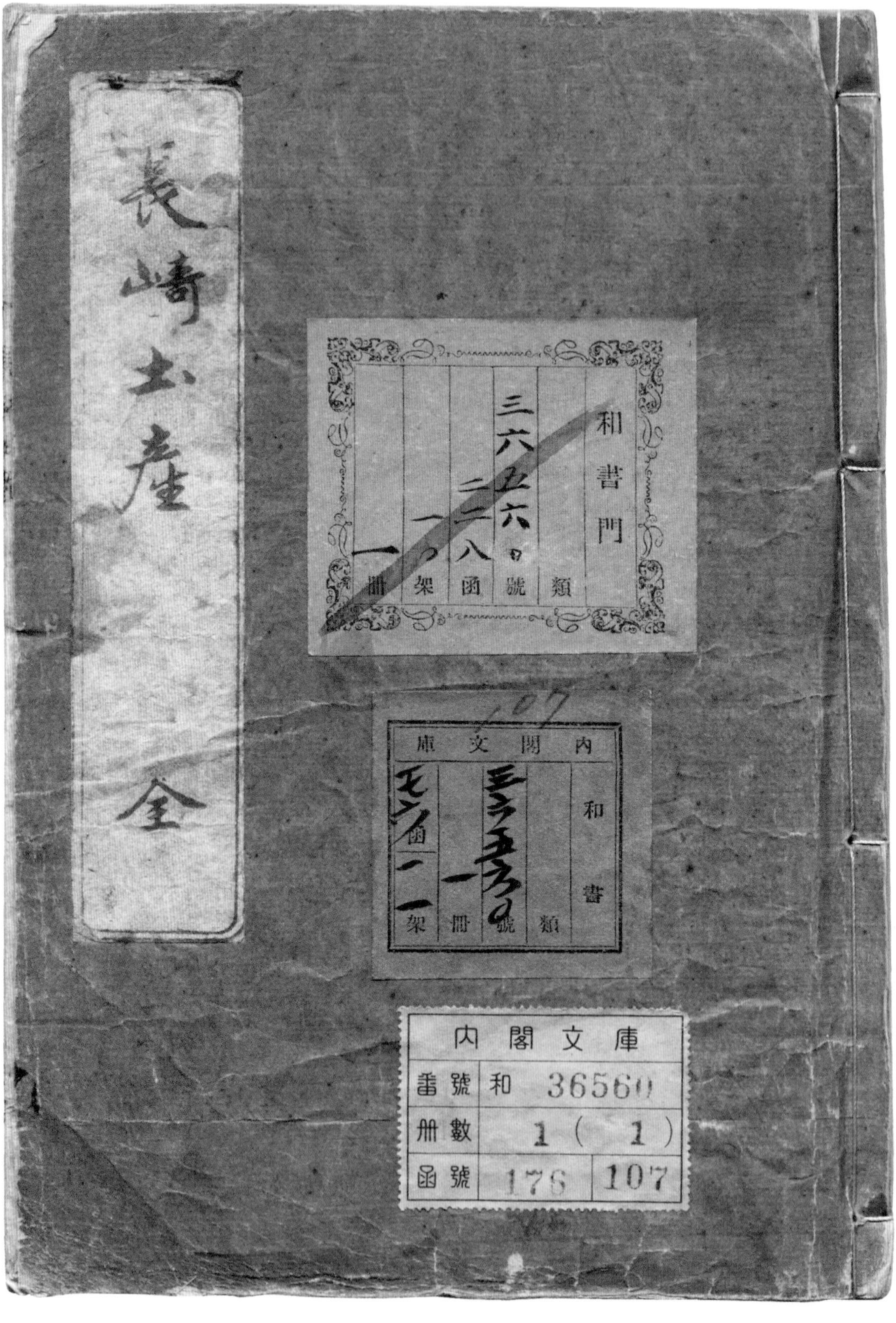
長崎土産
全
和書門
三六五六
類 號 函 架 冊
內閣文庫
和 書
類 號 冊 架
内閣文庫
番號 和 36560
冊數 1 (1)
函號 176 107

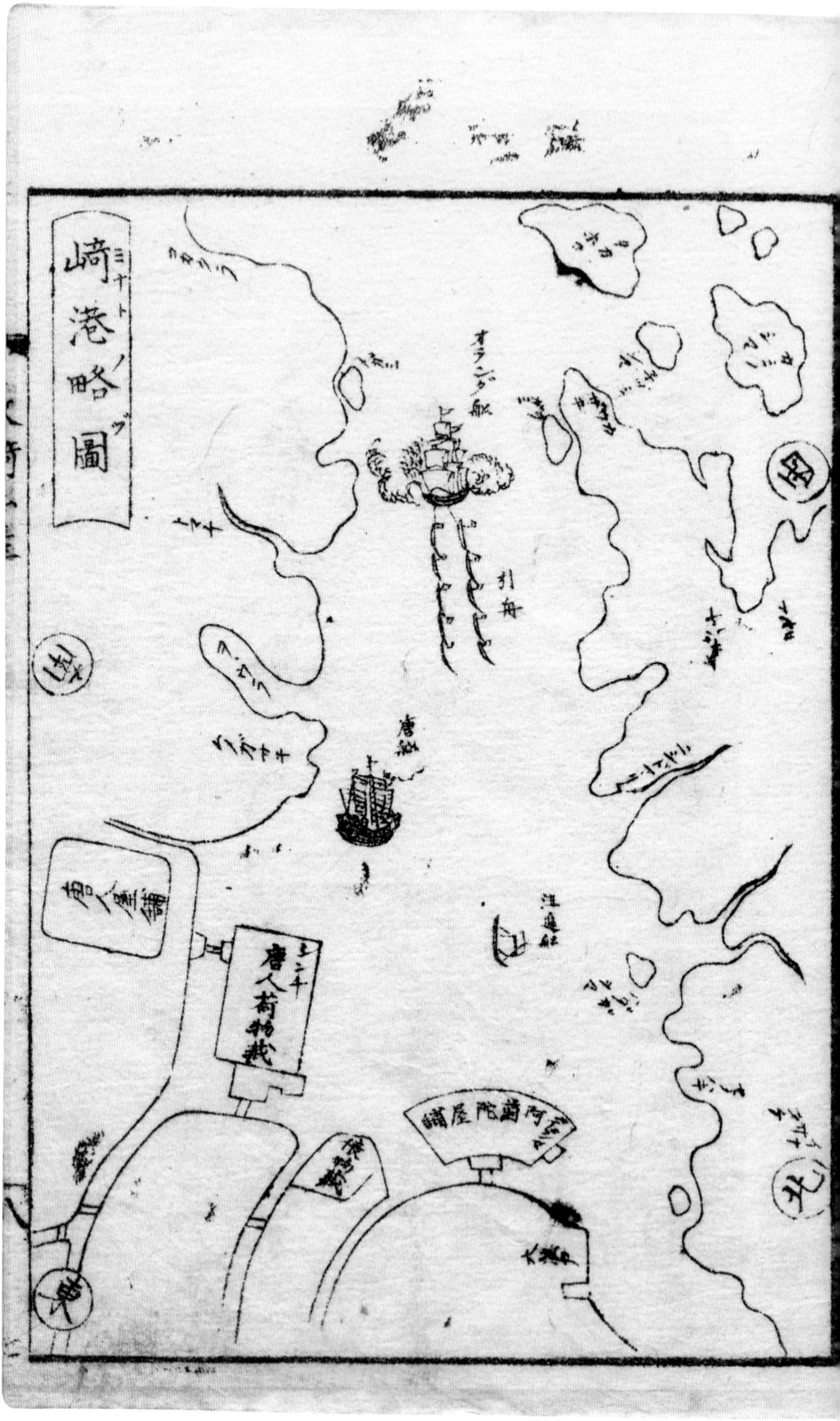

崎港略圖
オランダ船
引舟
唐船
唐人屋鋪
唐人荷物蔵
阿蘭陀屋鋪
荷物蔵
東
西
南
北

日野前大納言資枝卿御歌

唐人遍美以そ召奈
布留船安満多味
那[illegible]砂との耳か
須武阿さ那岐
萍[illegible]

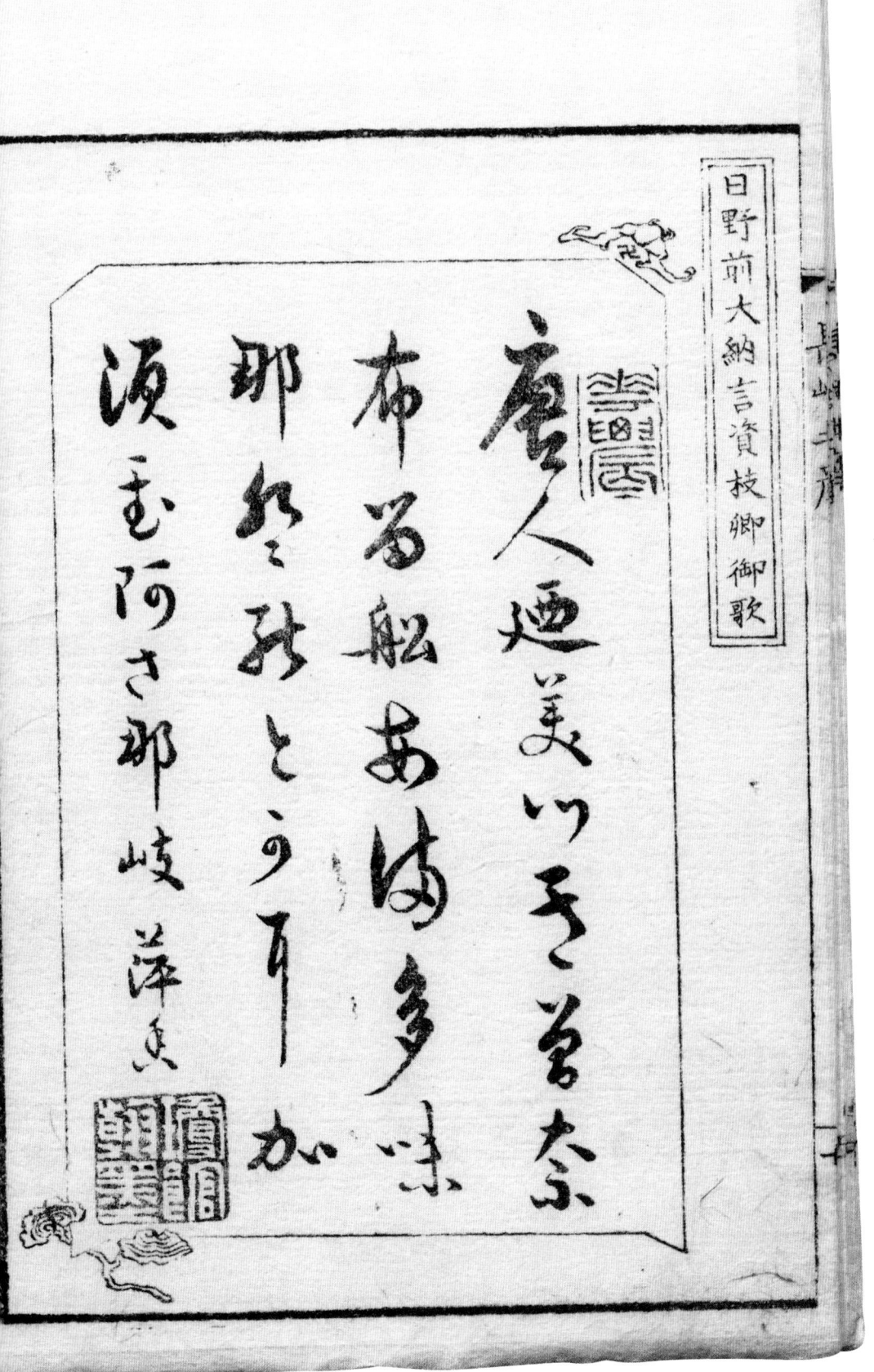

清朝人
タウジン
春去春来忽一
年喜逢元旦似前
秊屠蘇淺飲三
杯醉桃符高懸萬
戶連花燭鳥鳴增
華月風清日麗
滿山川歸家問我
崎陽尋細說雍穆
尭舜天
朱子章
陳記

長崎土産

十

紅毛人
オランダジン
HOLLAND
SCHE
uurwerk.
クロボウ

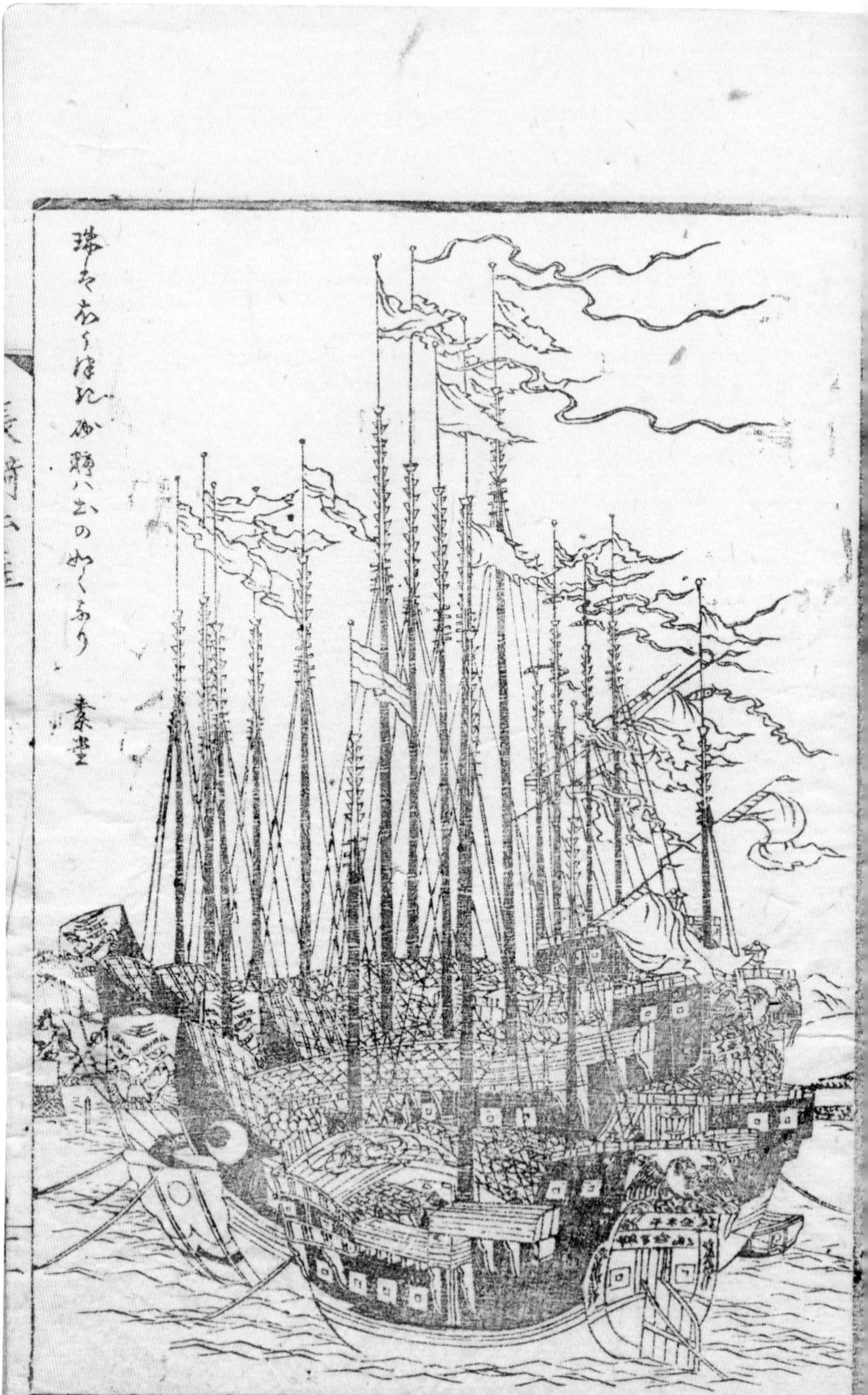

唐船（タウセン）

孫靜濤

青雀飛来泊海邊信通呉
越意悠然絃舞〻中土人箇
此應道崎陽別有天

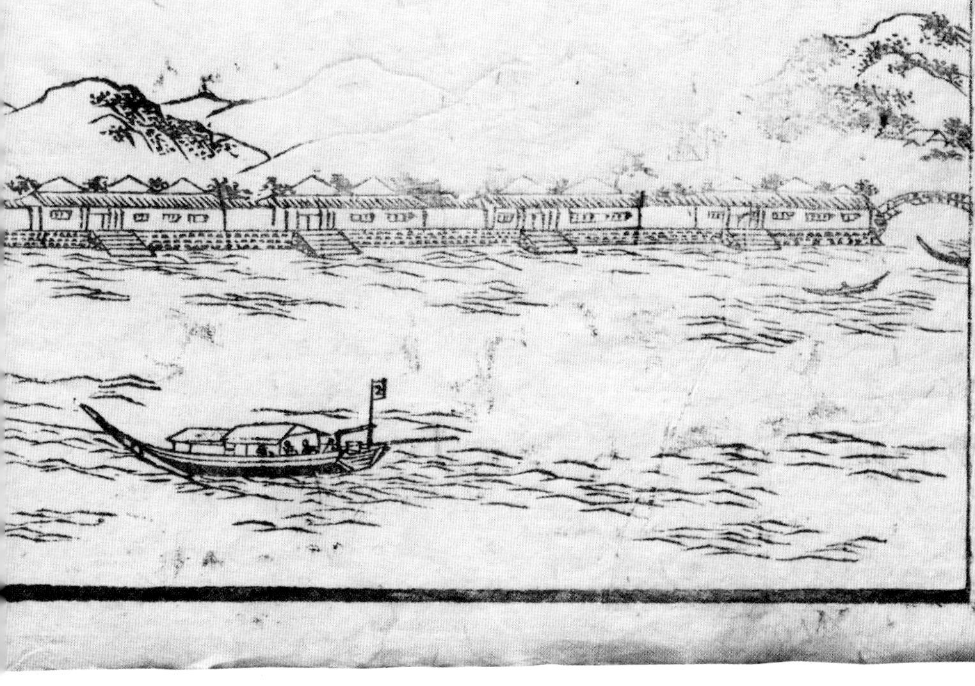

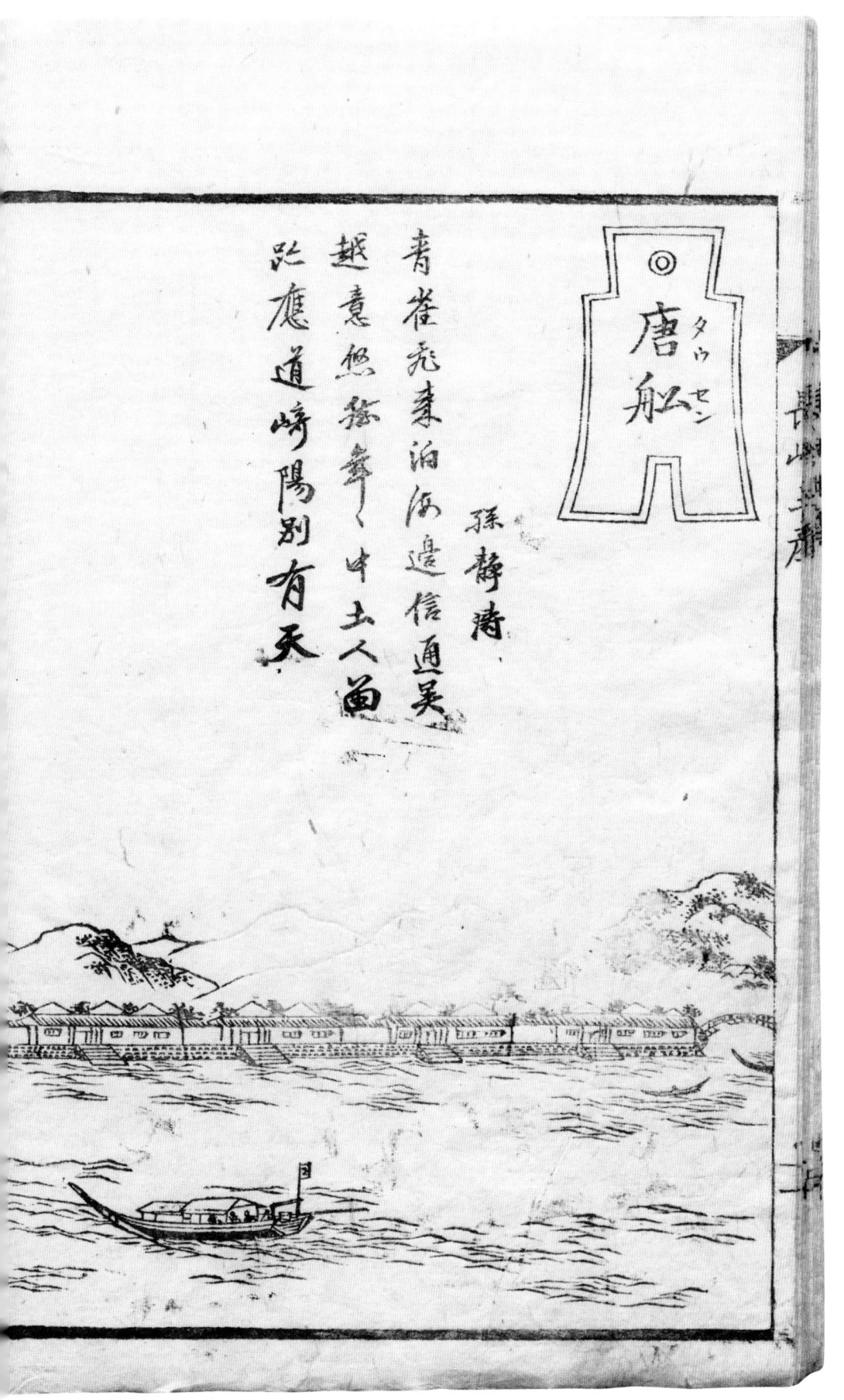

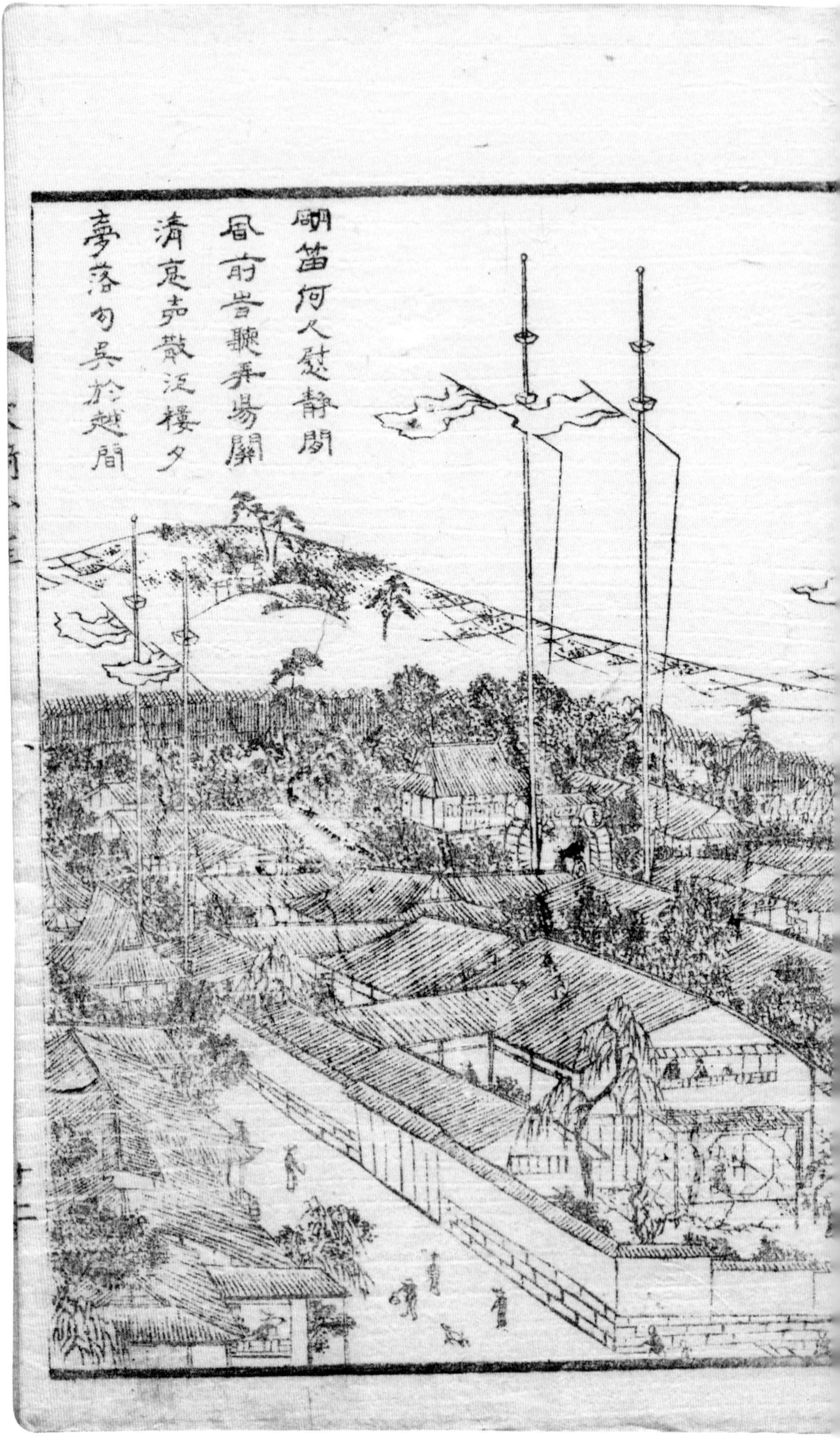
鬧笛何人慰靜閒
昼前岂聽弄場関
清夜声散泛樓夕
夢落句呉於越間

唐館

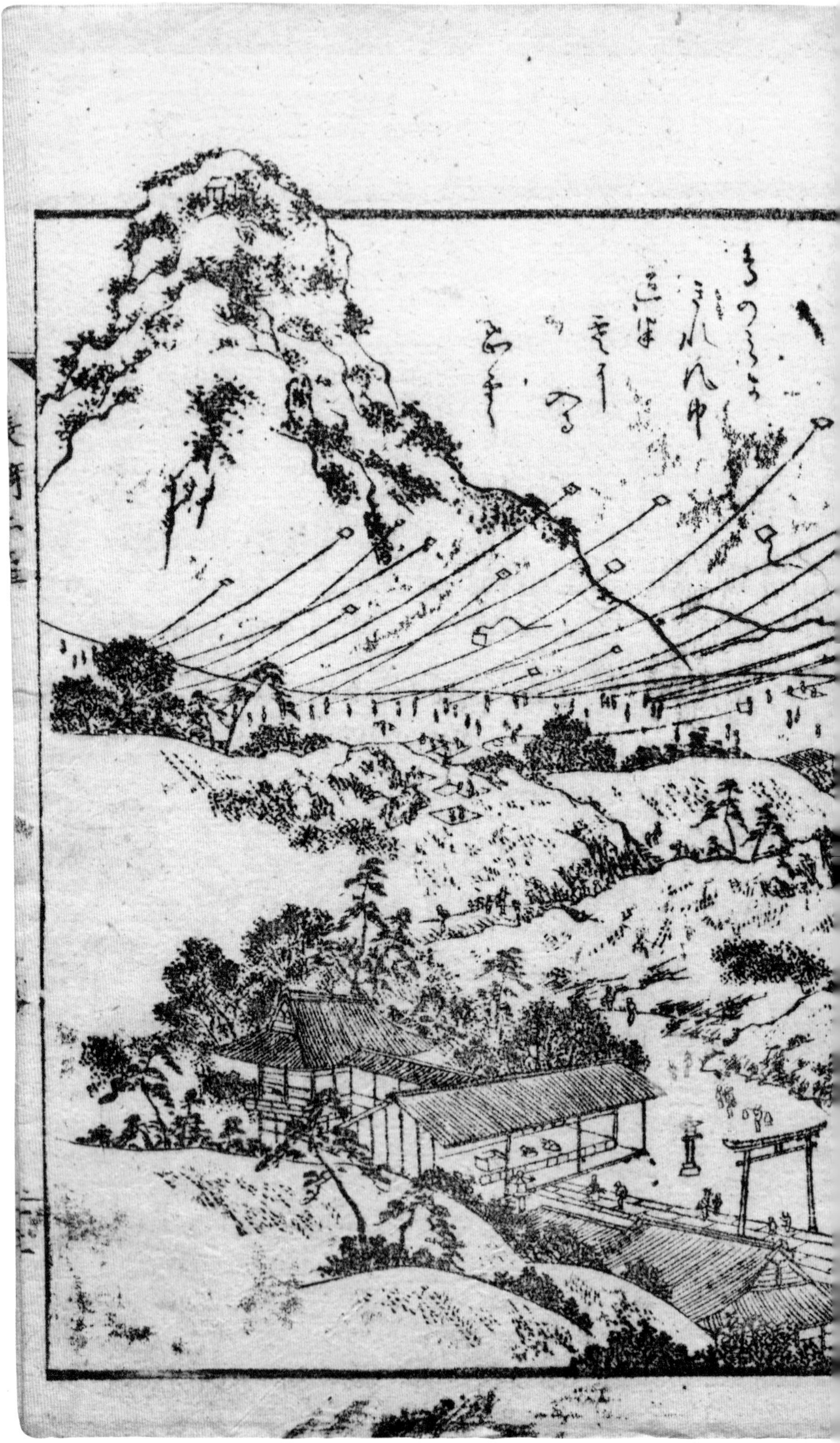

無凡山
コンピラ

東海墓ハ禪司東
海氏ノ墓ナリ春
徳寺後山ノ半腹
ニアリ石门石欄干
ヲ設ケ墻壁ヲ圍ニ
シ花卉ノ雕飾アリ
武ハ文字ヲ刻ス尤
其巧ヲ尽セリ
七面山
東海氏墓

長崎土産

十三

紅夷萬里駕艨艟
通貢来港口山将裂
巨炮聲奔雷

春遲斎

[illegible]

[illegible]

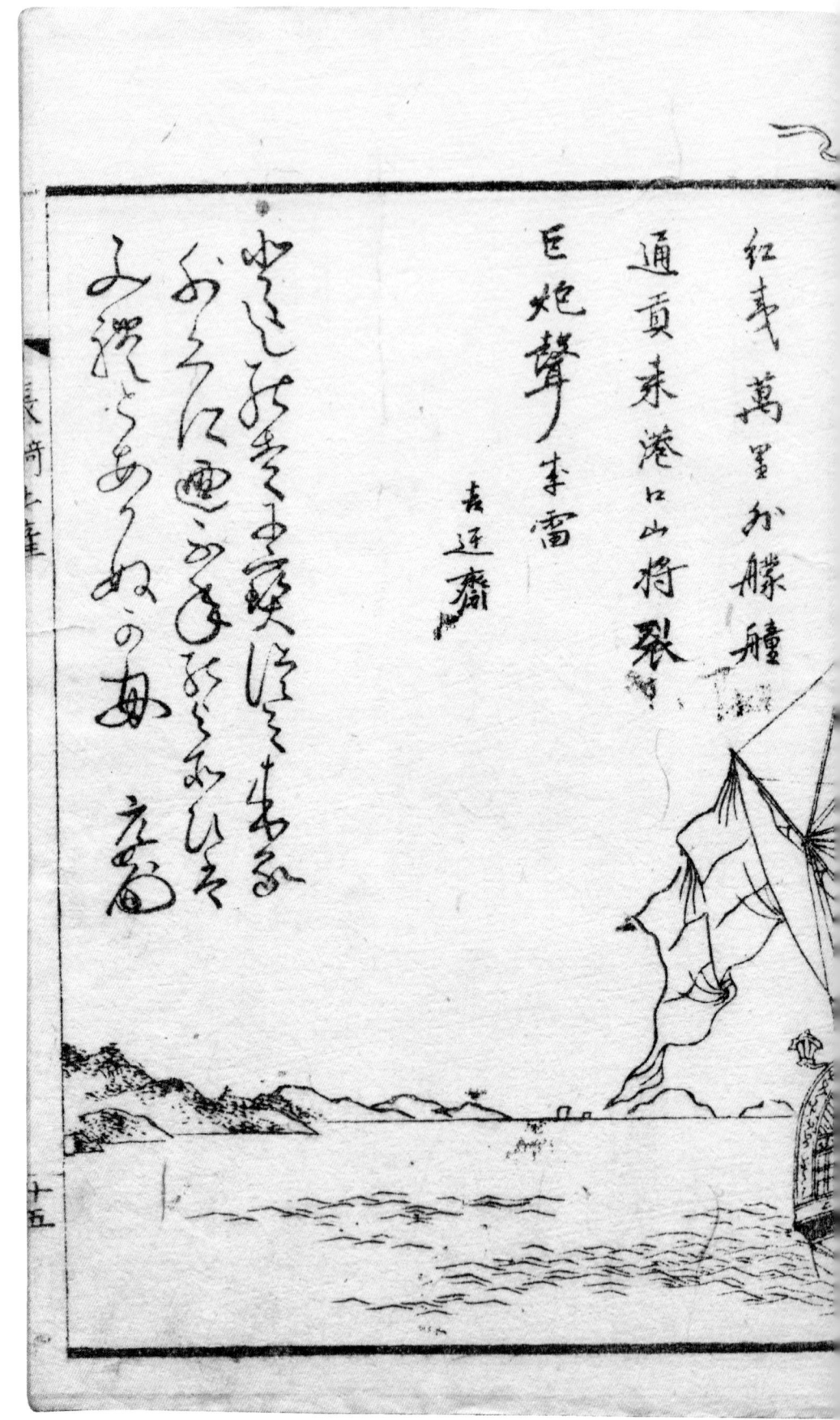

長崎土産　十五

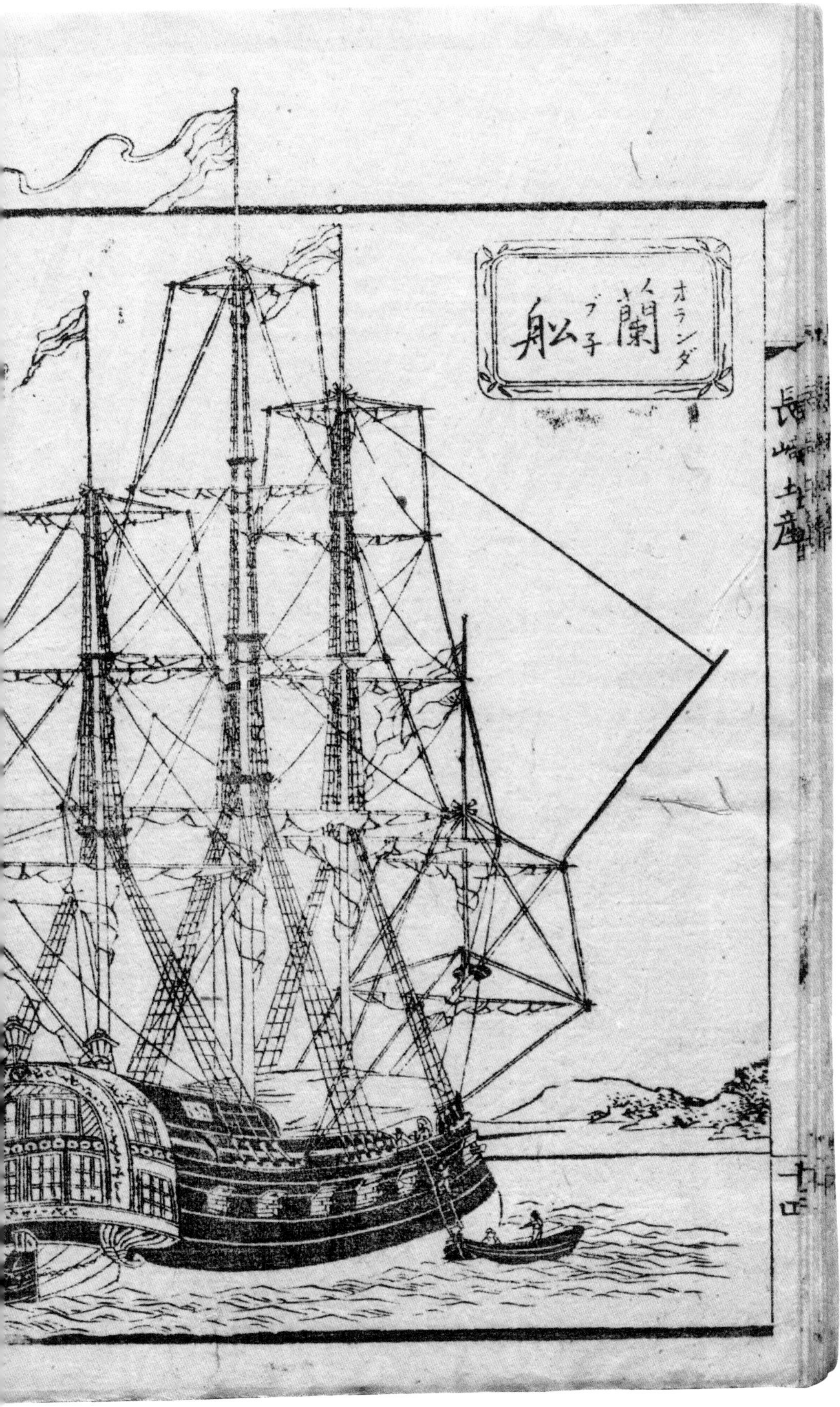
オランダ
蘭
ブ子
船
長崎土産

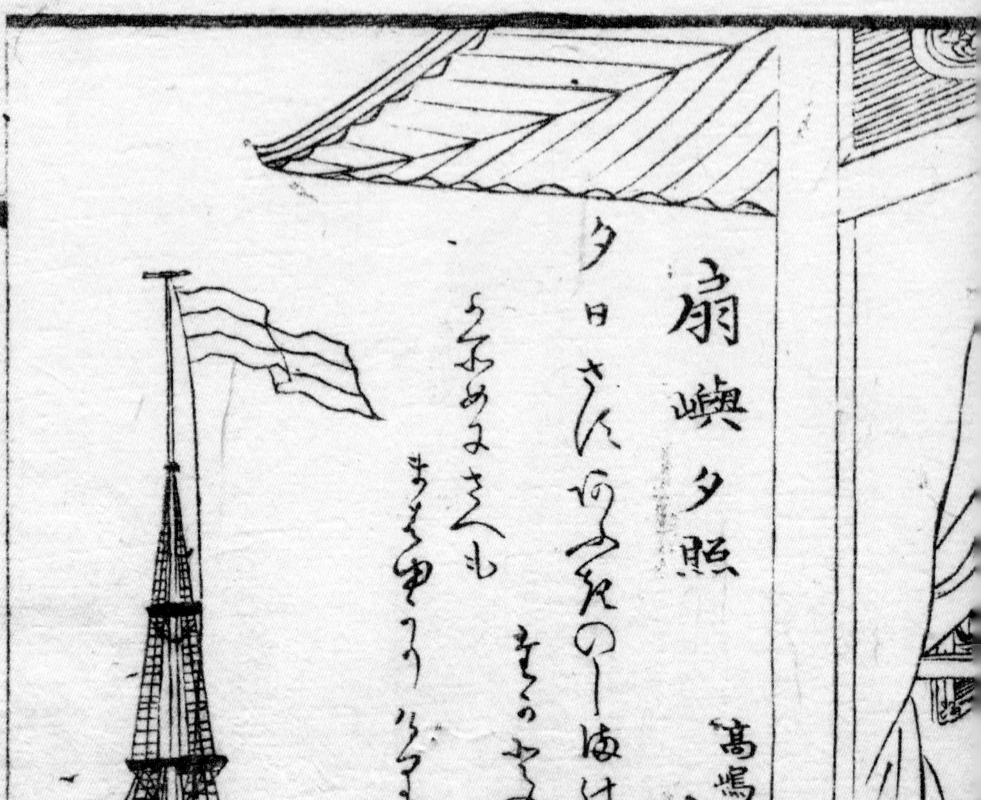
扇嶼夕照
高嶋 音全

蘭館 オランダ ヤシキ
丸山遊女

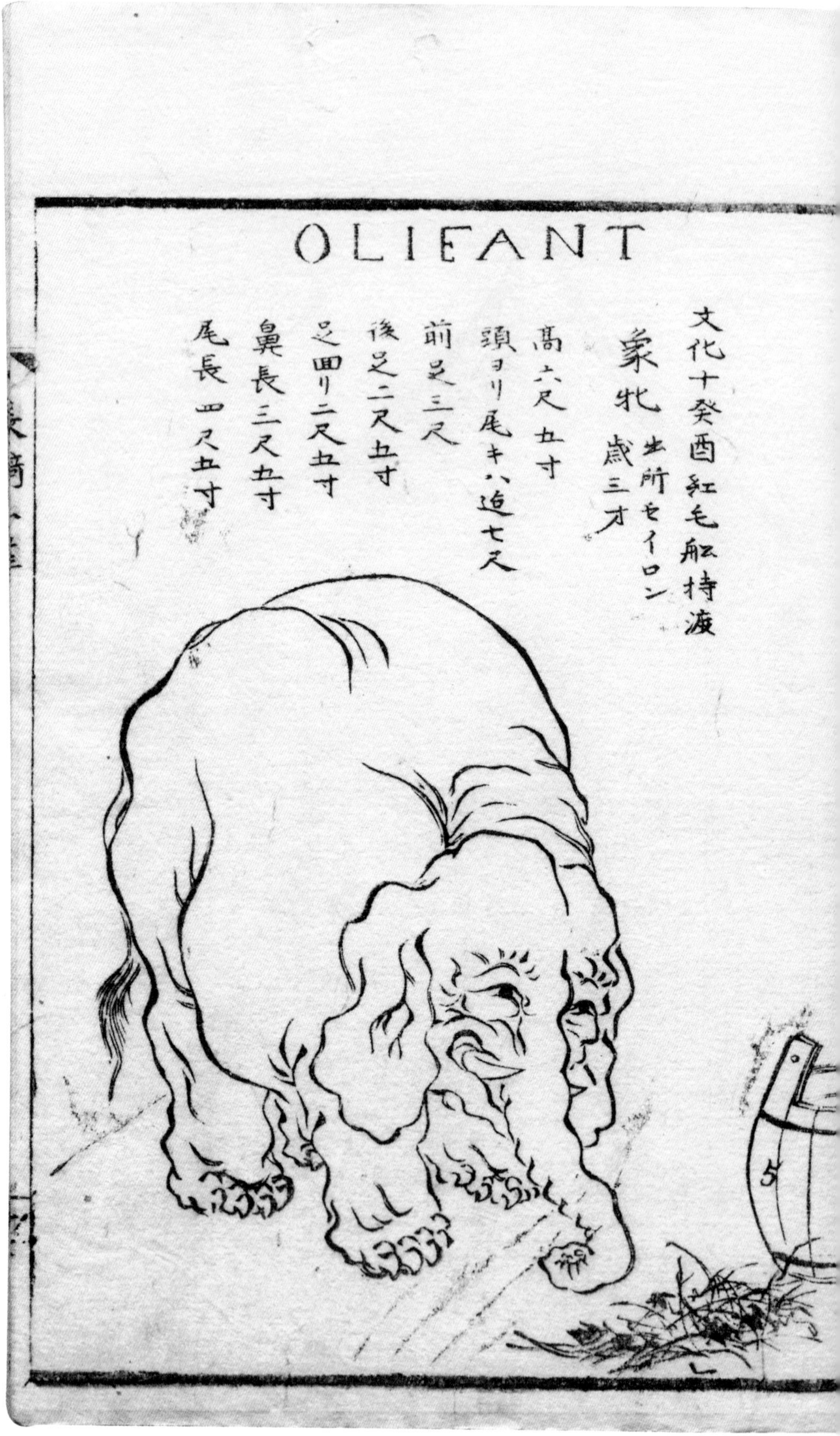

OLIEFANT
文化十癸酉紅毛船持渡
象牝
出所セイロン
歳三才
高六尺五寸
頭ヨリ尾キハ迄七尺
前足三尺
後足二尺五寸
足回り二尺五寸
鼻長三尺五寸
尾長四尺五寸

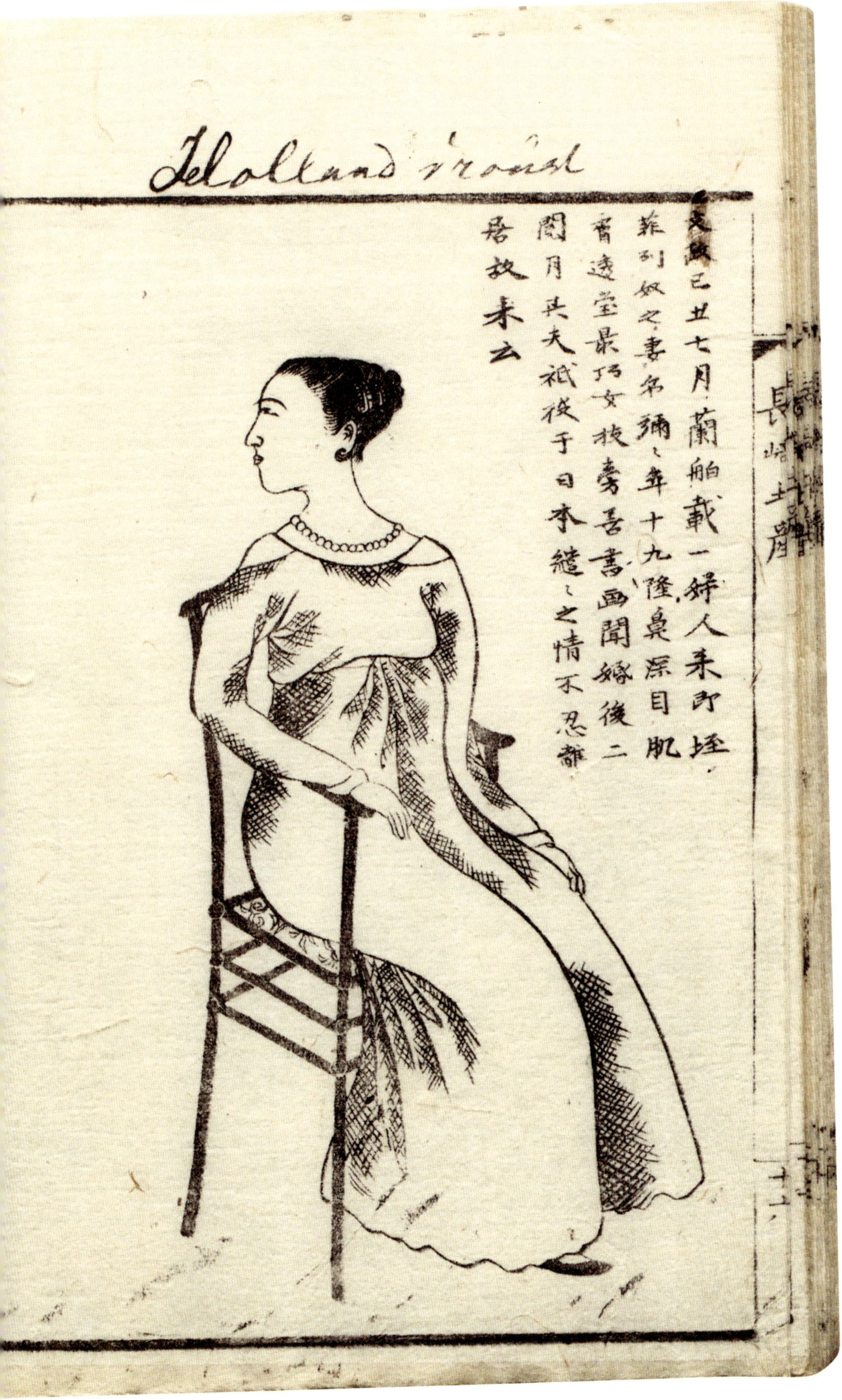
Holland vrouw
文政己丑七月蘭舶載一婦人来訶埵
菲列奴之妻名彌々年十九隆鼻深目肌
膚透瑩最巧女技旁善書画聞帰後二
閲月其夫祇役于日本繾々之情不忍離
居故来云

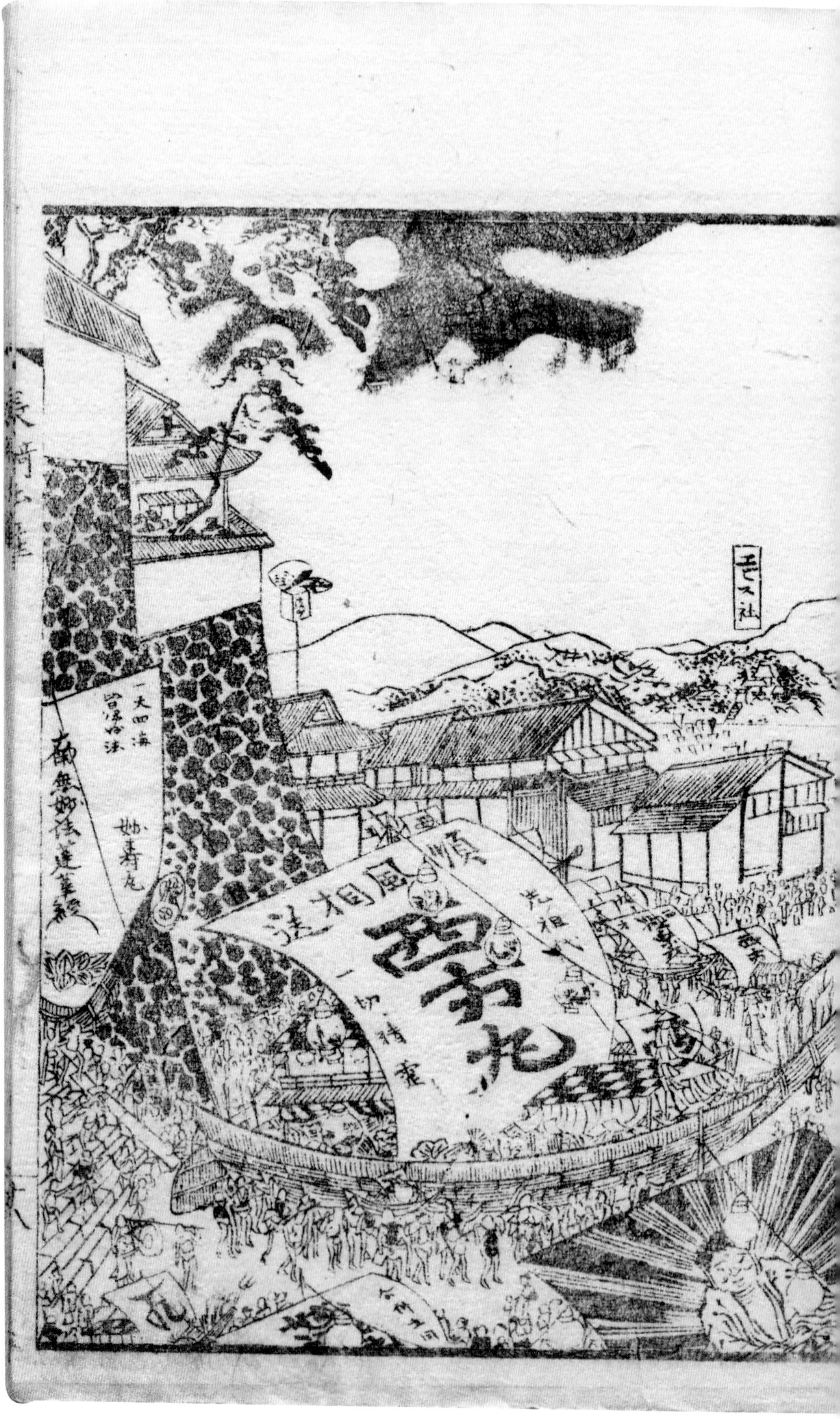
一天四海
皆帰妙法
南無妙法蓮華経

大波戸
オハト
イナサダケ

あらさかは園の
えらつもく幾代を
へぬらん
八坂園の神

前大宮司
嘉木中波守水吉

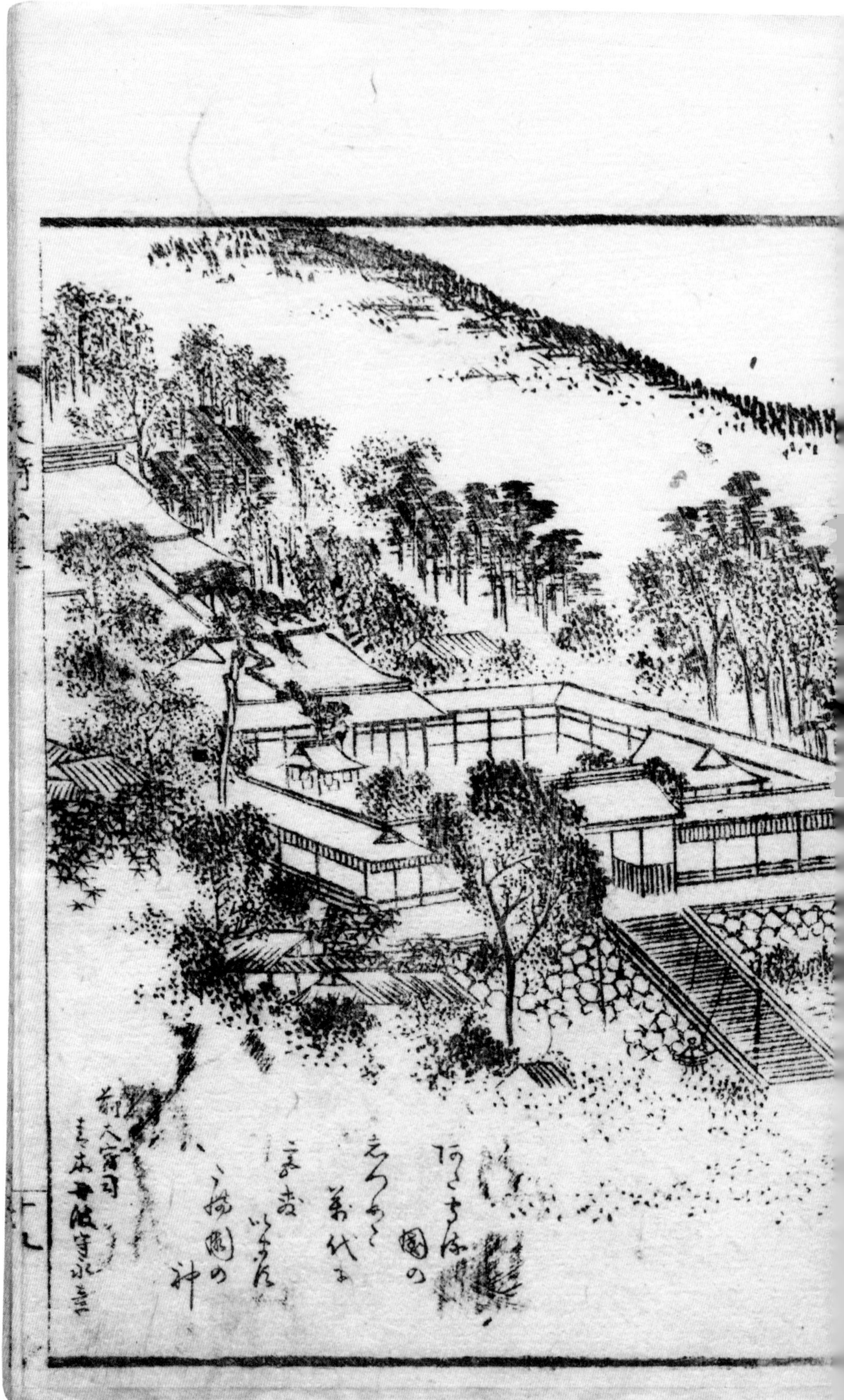

諏方社

酒をくみかすすぬきぬ此あら風のめくらす尾いそぬ諏方のやしろ
古のふることおちくる老ふるゝ長峰やまそもこそあらたうこそきこけ

冷泉前大納言為村卿

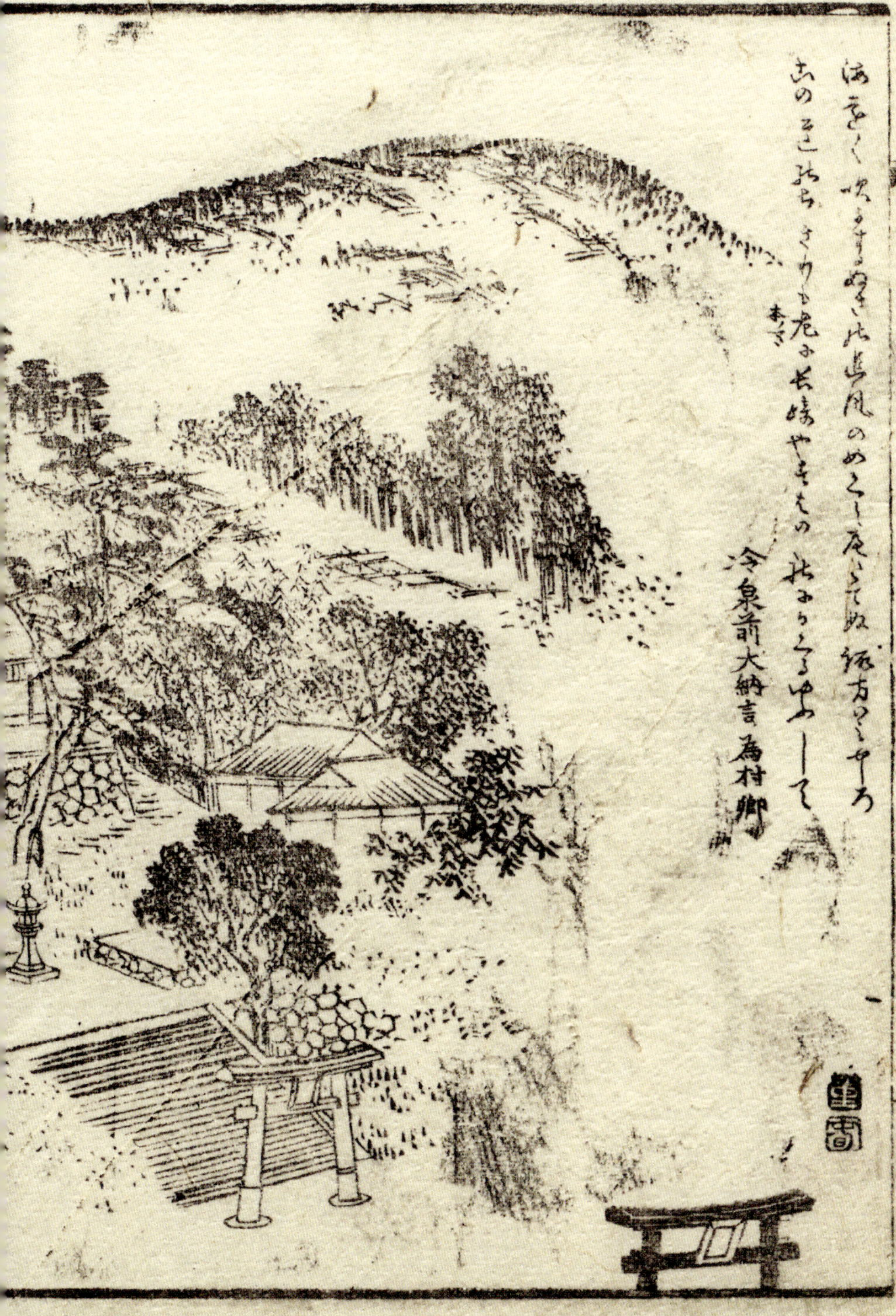

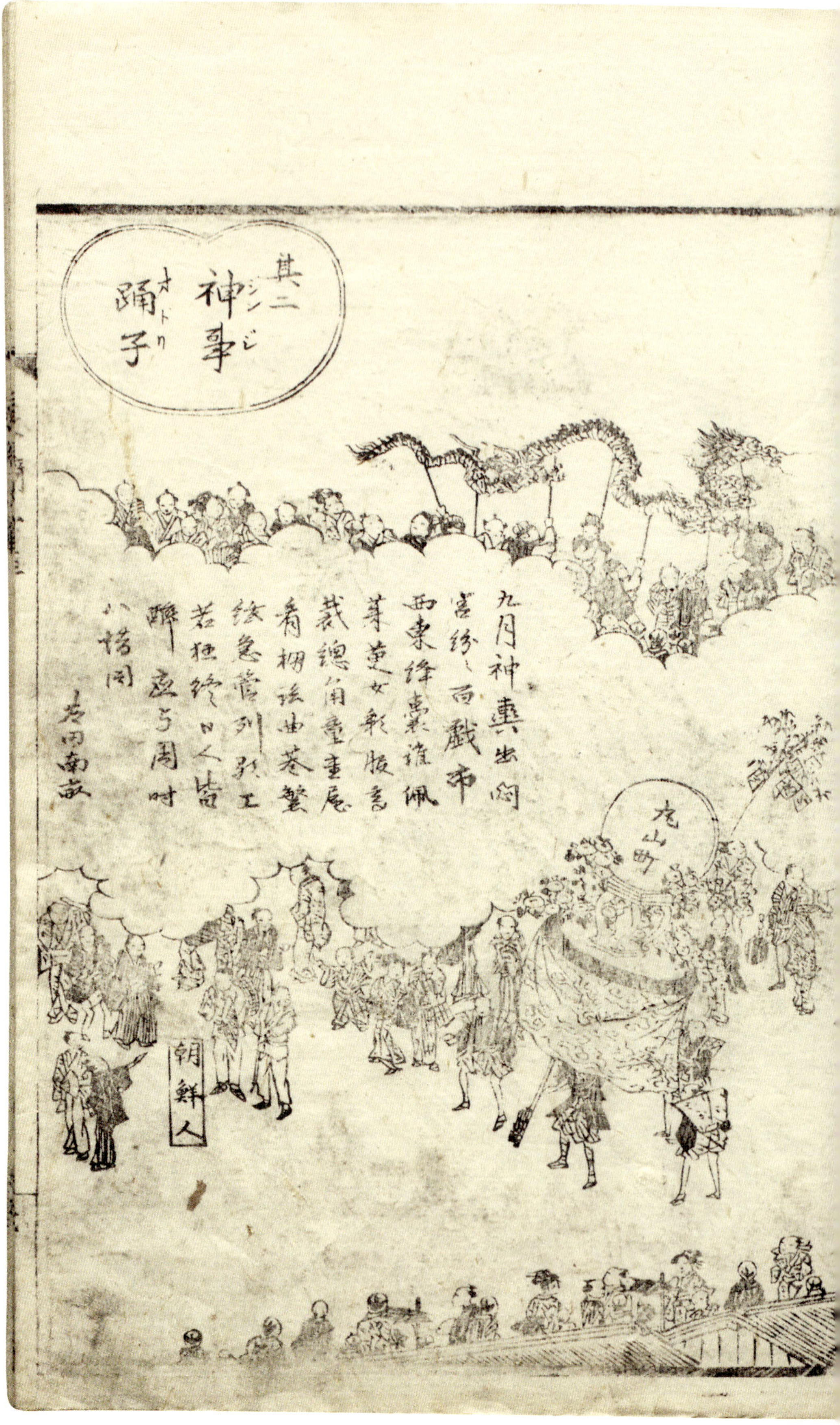
其二
神事（シンジ）
踊子（オドリコ）
朝鮮人

本銀町
長山土産

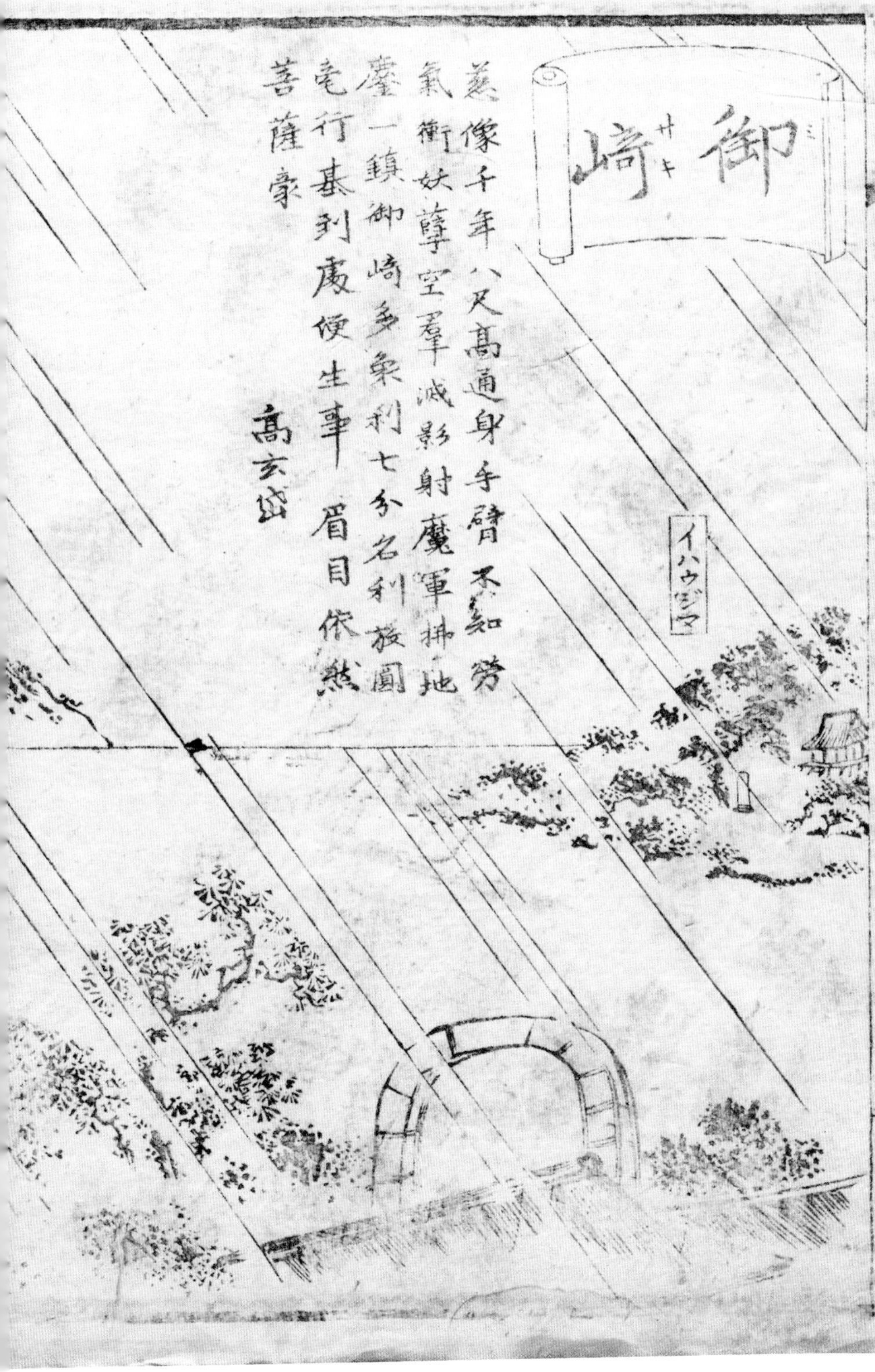
御崎（ミサキ）
慈像千年八尺高通身手臂不知勞
氣衝妖孽空羣滅影射魔軍拂地
鏖一鎮御崎多衆利七分名利撥圓
竜行基到處便生事　眉目依然
菩薩象
高玄岱
イハウジマ

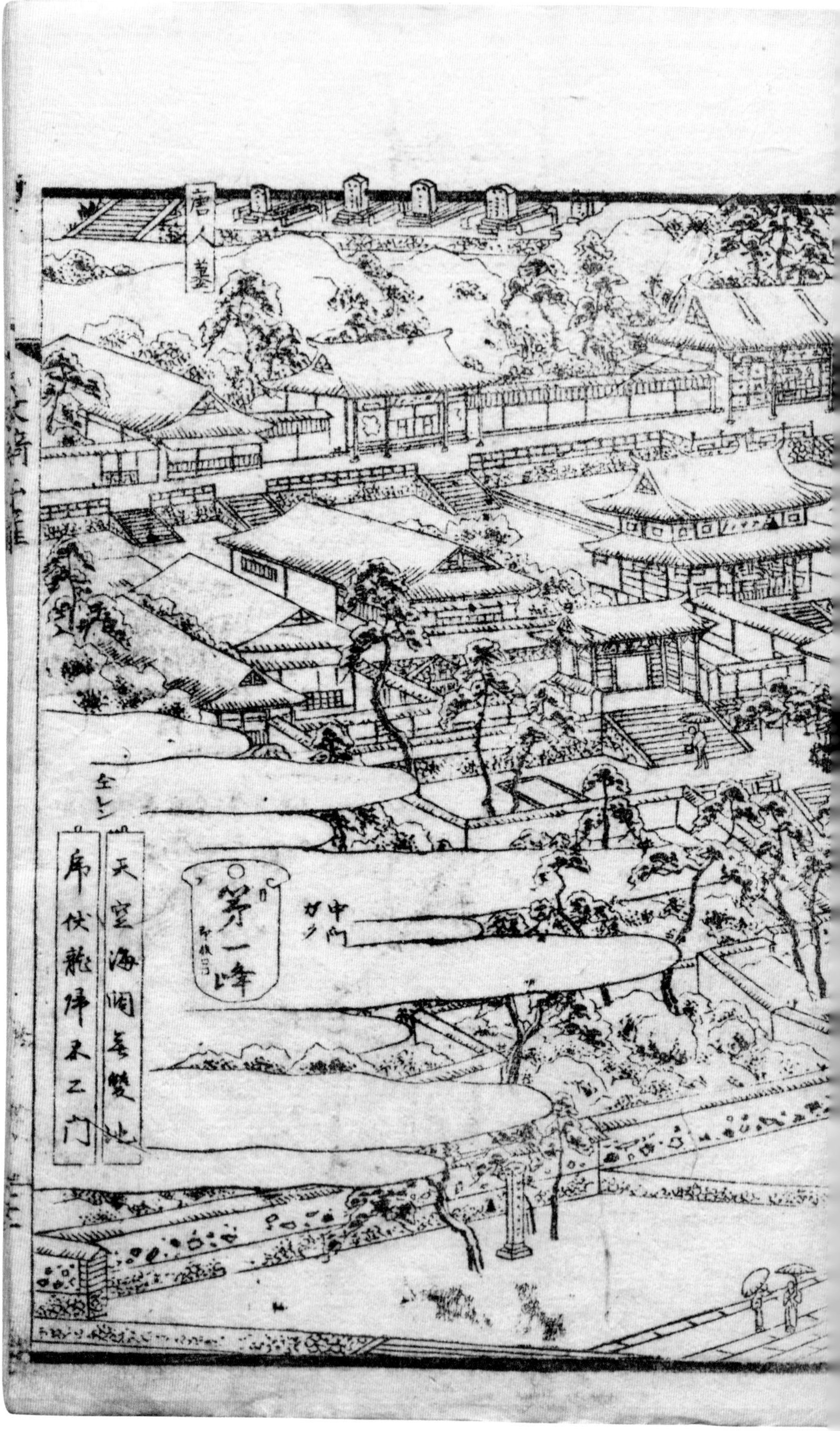
唐人墓
全レン
天空海闊無雙地
扁伏龍歸不二門
第一峰
中門ガク

唐寺
タウデラ
関帝堂
大釜銘
聖壽山崇福禪寺施粥巨鍋天和貮年次壬戌仲春
長崎土産

長崎土産

○唐館

唐館造立の事ハ元禄元年戊辰九月廿五日経営始りて翌年の四月十五日ニ功成就せしとぞ

唐船の入津せし事ハ夏船冬船とて年ニ両度あり已ニ湊ニ来り碇を入まして後ハ唐人悉く館内ニ移りもち載来る所の貨物皆新地乃庫ニ入されたる貨物運送の時ハ諸吏是を検監し丸荷役精荷役等の名目あり船中人衆乃名称ハ

正船主（大船頭）　副船主（脇船頭）　財副（船ノ筆者役）　総管（一船ノ諸用ヲ司ル）　客長（船中ノ客主）　板主（船持）

百尺松杉作翰屏重、樓閣迥蒼冥象王隔水天飛白獅子臨春分外青十里煙花歸指顧千家燈火照禪扃雲堂梵靜聞蕭鼓中國帆檣泊晚汀

唐山道本

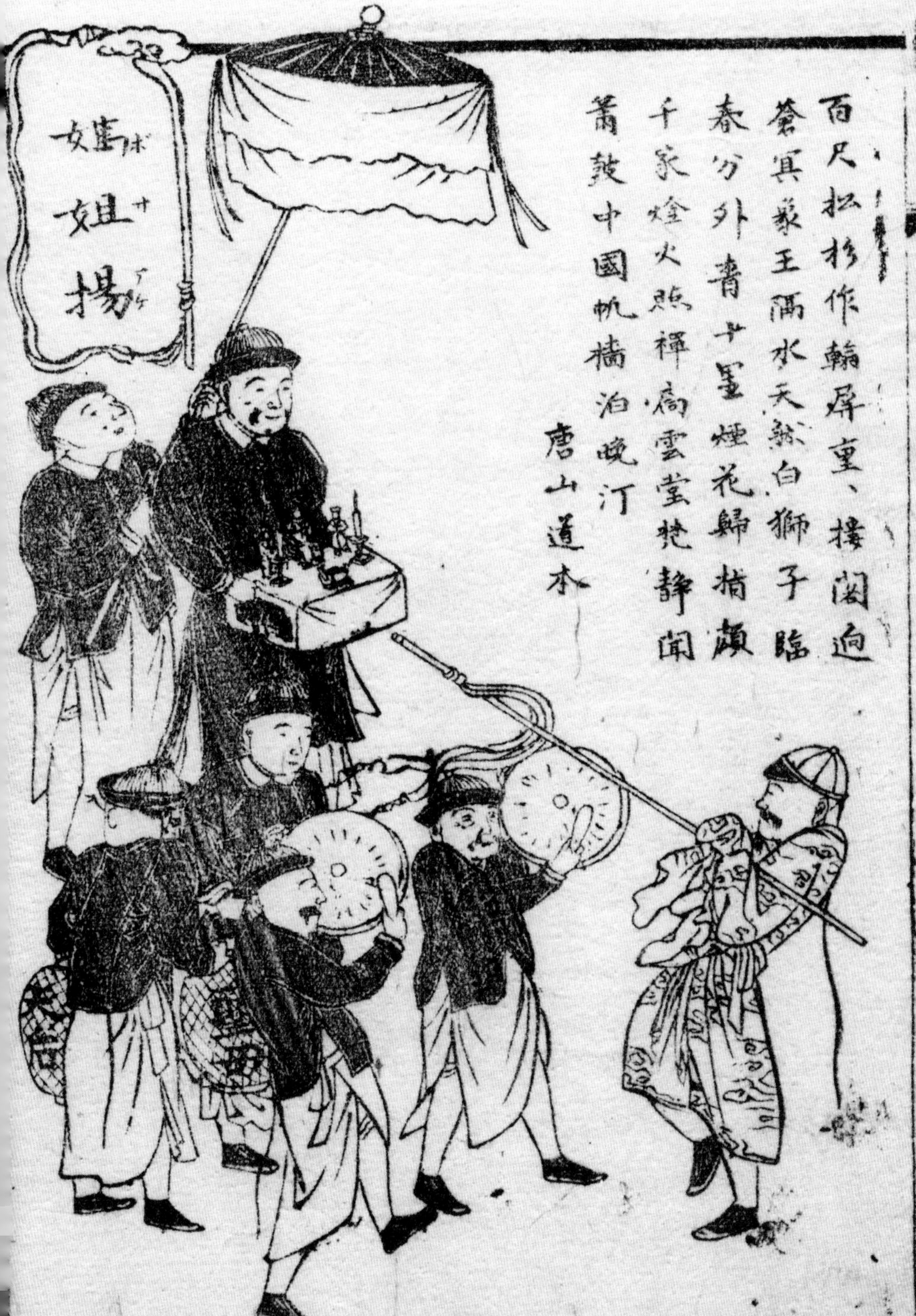

其事に巧なるもの種〻の衣冠装束を着け綾羅錦繍を装ひ臺上に出て歌舞をなせり其事体ハ水滸傳三國志或ハ稗官小説の内を用ゆるなり楽器ハ銅鑼拍板囉叭嗩吶鈸鑼笛大鼓片張を用ゆ提琴胴及ひ柄ともに竹を以てこれを作り蛇皮を張り二筋の糸をかくるさんちくの頭に撥攏の棹に穴をとうしたるを着て糸を留む二筋の間に馬尾を通ふしてこれを以て摺りならす三絃木にて作り蛇皮を張り糸ハ三筋を掛く撥ハ鼈甲を以て彈くにて拍子をなすぞ是他邦に此類なくて美観あり

○金毘羅山紙鳶會

金毘羅山ハ崎中の北にあり一名魚凢山又瓊杵山と云麓に曠野あり三月十日金毘羅大権現の祭日にして其日ハ大人小児各〻行て

夥長 按針役也船中水手ヲ夥計ト云按針役ハ針ヲ考ヘ方角ヲ考ヘ水手ヲ下知シテ船ヲ乗リ取ル役也故ニ水手ノ長ト云意ヲ以テ夥長ト称ス

舵工 梢取役也 頭椗 椗取役 香工 船魂神ニ香花ヲ供フ 押工頭 棟梁大工 押工 平大工 直庫 太鼓役

大繚 帆綱役 一仟 大帆ノ役 二仟 帆第二役 三仟 帆第三役 亜班 帆柱ニ上ル役 総哺 飯炊賄役 老大

水手頭 工社 水手ナリ長崎ノ俗コクシヤト称スルハ誤ナリ泉州ノ詞葉ニテコンシヤト云 小廝 小者ナリ 等あり

新貨庫　唐館の西の海中にあり元禄十五年建る唐船乃貨物を入おかる処あり

唐人踊ハ春二月の初にして行ふ土神祠の祭礼なり二月二日を祭日として前後三日の間此事あり土神祠の前に高大なる舞局の臺を設けて拵へ色々に粧ひなし在館の唐人

切る時ハ雲に入り霞に消て境を越てわろ素とも葉乃巧拙
其人の手の裏にあるかゆゑ紙鳶の製一つならすといへとも此時や
専らあそひに用ゆ是則初昆侖奴の製作にして風に放ちて
左右をも満に便利なる凡はかばかりしに至りては児輩の楽しみ
のミよ非ず亦春時の奇観なり

○目鏡橋

酒屋街にあり寛永十一年興福寺住持唐僧黙子如定之を築く是長崎
石橋の始めなり慶安元年平戸氏好夢と云ふ人重修せしむ其形
象の似たるを以て目鏡橋乃名を得たり

厨が携へ酒樽を擁して曠野にいたり紙鳶に硝子を彼が付けて
共に勝負を決せられしはそはいかにと云阿蘭人は持渡りし硝子
器の割れたるを至極細末にして糊に和し是を苧にぬりて日に
乾し束ね置名づけて硝子いとと云　紙鳶の糸なりといふ　時に紙鳶を放
つんとする前に臨て是が五十間百間二百間と紙鳶の大小によりて
着け手許は皆平生の苧を用ゆ是を呼で根いとゝいふ
互ひに此法を以て紙鳶を放つ野を隔て谷を越て空中に於け
相争ひ彼いと此いとと交て風に乗じて摺合遂に切きそゆく
是を負と定む且風の強弱により勝負の遅速はあり能揚まで

メーストル 外科手傳 ボーツマン 惣水手頭并帆綱支配人 ボーツマンスマアト 同手傳 シキイマン 荷物入所并表柱よりやり出し迄の支配人 シキイマンスマアト 同手傳 コンスターブル 石火矢役并洋中にて砲綱支配人 コンスターブルスマアト 同手傳 ボトリイス 厨所賄并食用之品支配人 ホトリイルスマアト 同手傳 コック 料理人 コックスマアト 同手傳 レケドブステイジムルマン 船大工 セイルマーカル 帆縫 スミッツ 鍛冶 コイフル 桶細工人 クワルテイートル メーストル 端船支配并水手夫々の場処江遣す支配人 トロンペットル チャルメイラ吹 等なり

○紅毛舘

紅毛舘ハ海中にあり門前ハ即ち江戸町通り状ち扇面に似たりよつて扇嶋と称し俗に出島と云舘中におゐて弁く

一　紅毛船

紅毛船の来津ハ季夏より初秋に至るまで残候とぞ
其始め寛永十八辛巳の年より今に至まで年ごとにたゆる
ことなし　渡来の紅毛人乃名称ハ　ヲップルホーフトかびたん
ハックホイスメーストル 重とふ　ディスペンジール 厨所諸雑費支配役　ニゴーレ
シイブツクハホードル 商賣勤通役　シキリイバア 頭役筆者　アレステント 筆者
ヲップルメーストル 上外科　ヲンドルメーストル 下外科　ホフメーストル 厨処役
スチイエル 縫物師　ティンムルマン 大工　カピタイン 船頭以下船役等　カピタインロイ
トナント 上役副役　ロイトナント 平役副役　ジュウロイトナント 又ハウツテツトカナルデ 副役見習

鉢　鮭臘干　酒　ローイウエイン　セテーフル　アフキ酒　菓子　紙焼カステーラ　カアールクウク　タルタ　丸焼カステーラ　スープ

凡阿蘭陀の食事をなすに箸を用ひずして三叉鑽快刀子銀匕の三品を以てすホコは三股にして尖り柄を象牙にて柄を着くこれを以て器中の肉を刺し住めハアカを操て截割これを匙にすくひ取て喫ふなり匙ハ銀を以て造り其ふち形杓をなせり預め右は三器と白金巾を中皿に盛まてタアフル卓子の上主客乃前よ各一枚を具ふ白金巾をば膝の上に敷ひ置て一菜を食し了ればすなはち三器及び金巾を易置なり紅毛人の常食はパンなりパンとハ小麦を粉にして固め蒸し焼にしたるものなりボートル牛の乳汁を取て濃く煎し煉たるものなり浅ハア備

定まる祝日ハ阿蘭陀正月（冬至の後十二日にあたる彼我元也）戦勝日（彼國の六月十八日にて日本に於て八吾衛九月節の後十二日比にあたれり）ジヤカタラ赤業喇児の誕生日などなり此日ハ紅白青の旗を建て盛饌を設けなどして鉦中大に賑ひをなせりここに食冊を挙ぐ

○阿蘭陀正月献立

大蓋物　味噌汁　雞の皮かこ　さまざ　椎茸

大鉢　潮煮　鯛魚　比目魚　鱈魚

鉢　牛股　油揚

鉢　牛股腰　油揚

鉢　豕油揚

鉢　焼豕

鉢　野猪股　油揚

蓋物　味噌汁　牛

蓋物　味噌汁　鼈・木耳・葱

鉢　野鴨　金焼

鉢　牛豕研合せ同く　帯腸に詰納

鉢　豕の肝を研りて　帯腸にむして

鉢　豕を研り麦の　粉にて包焼

鉢　ボートル煮　おらんだ菜

鉢　ボートル煮　萵苣

鉢　ボートル煮　胡蘿蔔

鉢　ボートル煮　蕪根

鉢　豕の臘干

聖霊祭ハ例年七月十四日十五日なり同十三日の昼後より家々別
ニ壇を設け其上に菰の編たるをしき佛間の位牌を
移して並べ是を聖霊棚と称す代々の諸聖霊此夜の丑乃刻を
待て我家々に入り来るとて婦人女子団圓盛饌の設けをなし
門にハ家紋をつけ大なる燈籠を挑ぐれバ門燈籠といふ
古風を守る家ハ深更に至らずして戸を鎖さして之をまつ
愚老姫の輩ハ実に亡者の十万億里乃浄土より艱難辛苦
して来ると思へり又棚経と云事ありて雲水の僧諸宗の比丘
尼等数人をともなひて家々に突入して霊前に向いて誦経

食に和し用ゆ又コーヒー（日本の大豆に似たり木の実なり）是を磨し砕き湯水に入れ煎じ白糖を加へて常に服す是我國の茶を用ゆるが如し

○大波戸鉄丸

大波戸ハ波戸場なり西衙の下にあり広さ東西六七間南北廿五間北の方竪十四間横五間半の入海なり是風波烈しき時役船を挽入れ風を凌ぎ波に便りて置がためなり側に鉄丸あり周囲五尺八寸重さ唐目一千余斤を以即石火矢の玉なり

○聖霊祭

なる供する処の千手大士ハ行基菩薩此嘗て長良の橋の梁を取りて七躯の像を刻むこれ其一なり其材ハ椎の樹なり立身高さ七尺其製恰も長谷寺の像に似たり此寺昔より勝區にして霊跡極めて多し元亨釋書に釋叡好嘗て横川の修行と同じく諸乃修地を遊歴して肥之御崎にいたるに奇石異木ある事世にまれなる所也といへるは是なり

唐寺

唐寺ハ興福寺 東明山と号す元和九癸亥年建 開山唐僧真圓にして南京寺なり 崇福寺 聖寿山と号す寛永六己巳年建つ開山唐僧超然福州寺なり 福濟寺 分紫山と号す寛永五戊辰年建つ開山唐僧覺悔漳州寺なり 之三箇寺なり

混同せしめのなしむりてぞ此嶋の内に僧都の蹉跎石成経漱水等の舊跡ありここに長福寺といへる一小寺あり堂前に石碑を立て銘を勒す

○御崎

御崎観音寺圓通山と號す御崎村にあり和銅年中行基菩薩の剏むる所なり往昔ハ規模雄荘にして数十の僧房ありしが後元弘の賊徒多く侵すに遭ひ殃ここにおよんで遺り存する処なし天文六年御崎備後守源廣重かさねて建つ寛文四年僧良圓募り修む今寺の前数頃の田ハ即ち古寺の遺址

唐船湊に入て後媽姐揚といふ事あり素より船ごとに媽姐棚とて船魂の神を祭る所を設けて天妃の像を安置し海路の患難なからむことを朝暮に祈る既に湊に来り碇を入きて後ハ船中の唐人悉く館内に移りきて神像を保護する事能ハざるゆゑを以て唐三ヶ寺に輪番を追て捧げゆき在津の間ハ守護を托さるなり其行装ハ香工（船魂神に香花を供する係役）の唐人二人燈籠を左右に持ちて並びゆく次に銅鑼を持つ二人左右に（並びゆく）次に直庫（長さ六尺斗りの棒の頭に赤き木綿を纏ひたるものなり是を操る者をテツコといふ）を係其次中央に老媽の像（多くハ木像にして後より團扇をかざしたる像あり左右に侍女の像あり或ハ前に千里眼順風耳）

○大釜

崇福寺にあり萬人鍋と云鍋の大さ四石二斗を受く天和二年當寺第四世唐僧千呆これを鋳る此時長崎飢饉にして粥を煮て多く餓莩のものを救ふといふ

○関帝堂

関帝ハ蜀漢の関羽字ハ雲長なるものなり元明以来代々殊に尊び奉じて州縣ごとに皆其祠廟有て普くこれを祀る関聖帝君と称して唐三ヶ寺皆奉祀せり

○媽祖揚

ハ山門中門或ハ関帝堂の前媽姐門媽姐堂ニて銅鑼を鳴して頻に
直庫を振る事あり他人若過ちて其前を犯し通る事有ハ改て
振り直す是ハ障魔汚穢をはらひ除くの為なり其後
老媽の像及ひ直庫を媽姐堂に納めて銭門ニ帰る事也出船
時ハ前如く像をまつりめぐらし守護し帰りて船中ニ安置を寔ふ
聖朝の徳化廣遠にして異邦の来貢絶ゆる事なく唯長崎の
繁栄のミならず亦四海の繁栄なり

長崎土産　終

の像又ハ神虎を置ことあり 神虎ハ土神の使ひとあるよし を臺上に安置して是を捧ぐ後より蓋傘を掲ぐ守護の唐人両三人譯司吏目附添ひて途中十字街に到るごとに銅鑼を鳴し直庫を振る 直庫を執る者ハ長袖の紫衣を着し帽子をいたゞき儒服をなす まさに振らむとする時先つ直庫を袖の上に横へ両足をもつて地上に心の文字を踏むと又重振り後つて東に行んと欲せバ直庫の頭を東に向け西に行かむと欲すれバ西に向く南北も同じかくのごとし然ずして上下に轉じ左右に振り手足進退種々に曲節をなせり其手凡数曲ありて曲々皆名ありといふ其間銅鑼を打鳴し其勢を助く寺に至て

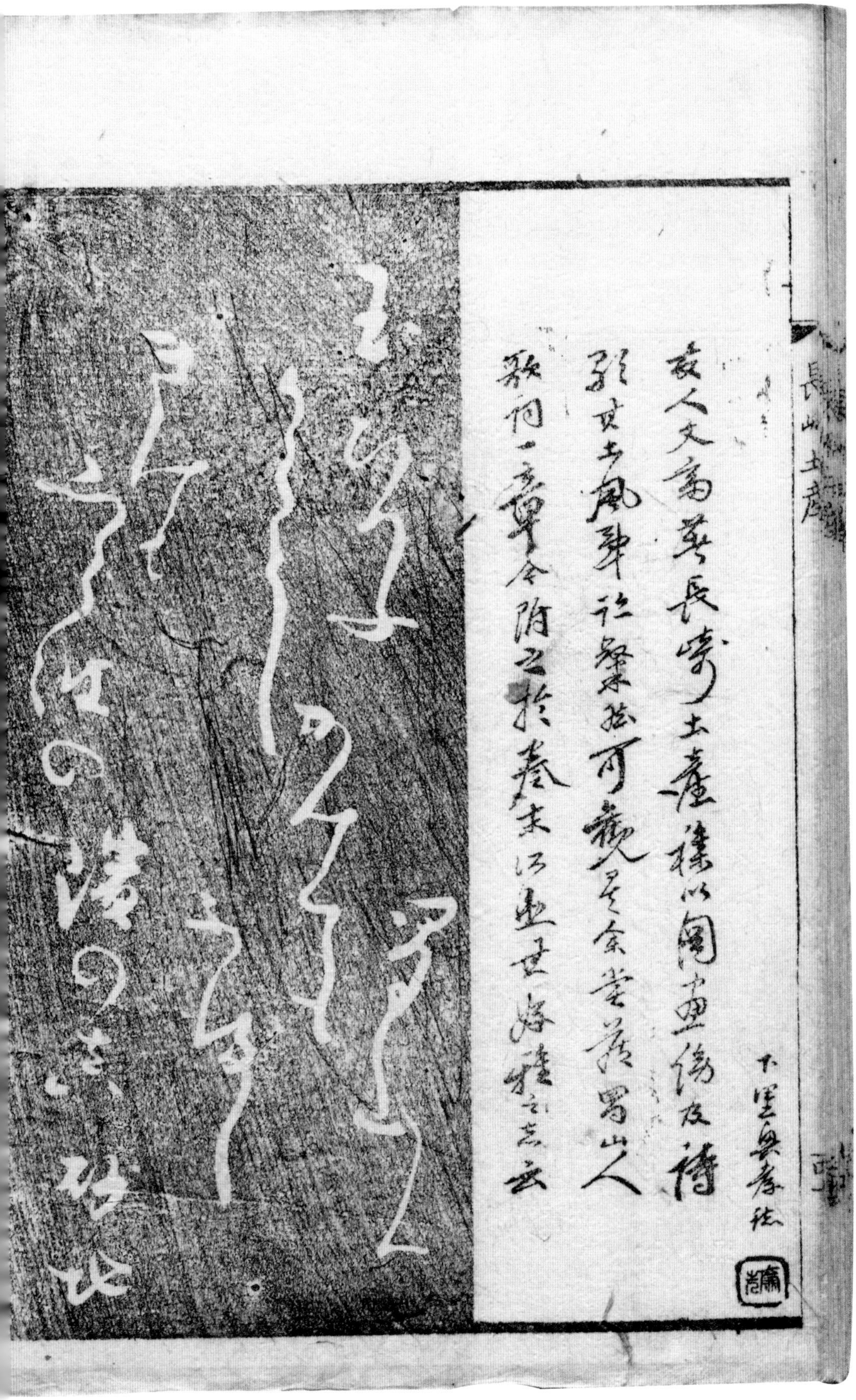

長崎土産

故人文高華長崎土産稿以圖畫傍及詩
歌其土風事跡繁然可觀是余嘗蔵寫山人
歌同一章今附之於巻末以畫世好雅之志云

大田覃孝跋

三、《唐船漂着记》

明和五年（1768 年），福建海商船只漂流到纪州熊野时，政府对其进行审查并做了笔录。这些记录被线装成册。该书记录了船只在海上遭遇的各种情况，以及贸易品的内容、全体船员的名字等，是了解清代中国与日本民间贸易的重要一手资料。

资料中特别值得一提的是，中国海商的船上有狗、猴、鸡、猪等动物，它们明确出现在海商船只的图片上。狗是航海的守护者，猴是预报天气的动物，鸡是报时的动物，猪则是辨别方向的动物，这些动物在远洋航海中扮演着重要的角色，成为航海活动中不可或缺的一部分。明清海商帆船的绘画有很多，但是船上描绘这些动物是很少见的，这幅画是我们了解远洋航海实情的宝贵资料。

我们通过记录可以详细了解整个漂流的过程。当时船体和装载的白糖等货物遭到损坏，并发生桅杆折断、帆和绳子等被暴风雨卷走等状况，情况一度十分危急。

进行调查的日本官员熟谙禁教政策，详细询问了海商的宗教和信仰。这艘商船的船员主要来自福建的漳州和泉州。从海商的回答中我们可以了解清朝基督教的传播状况和他们自己的妈祖、观音信仰。内容概要整理如下：

关于基督教，北京城里有庙即教堂存在，信者主要是富人；

清朝的国、侯府内都建有儒教的庙；

说到佛教的寺院，提到了普陀山的庙；

庶民每家每户都拜佛祖，在小庙中祭祀观音；

各个乡都有妈祖娘娘的庙，船上也祭祀有妈祖；

妈祖被封为天后圣母，座前有千里眼和顺风耳两个男神。

他们在海上的生活经历，以及关于清朝宗教信仰的描述都是很珍贵的。

乾隆年间（1736—1796 年），基督教在北京城中建有教堂。庶民们能掌握这一信息，可见基督教在中国传播很广，影响很大。明代后期利玛窦（Matteo Ricci）所建的教堂在清代也保留了下来。从问答的情况来看，这些船员非常熟悉日本的禁教政策，虽然他们说基督教的信徒主要是有钱人，但所言可能不尽属实。平民百姓中基督教的信徒恐怕不在少数。

另外，虽然在乾隆帝统治下允许传教士在中国传教，但是雍正即位后的

1723 年，基督教传教活动即被禁止。不过，传教士在北京的居住权以及教堂的所有权在雍正时期仍被保留。[①]

① 参见松尾恒一：《妈祖、观音、玛利亚——近代长崎的清朝海商与隐蔽的天主教徒》，见吉田一彦编：《神佛融合的东亚》，名古屋大学出版会，2021 年。

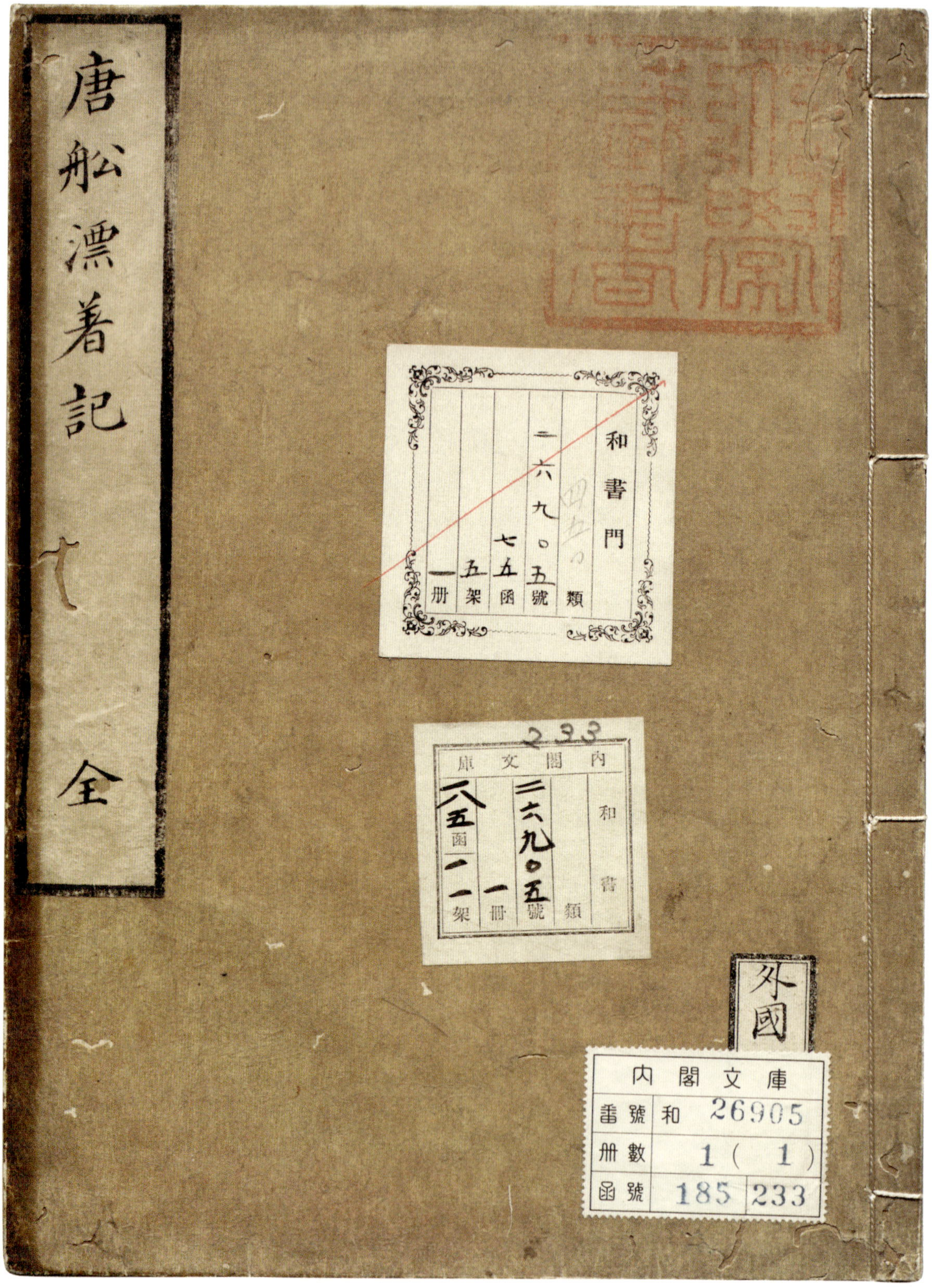
唐船漂着記
全
和書門 類
二六九〇五 號
七五 函
五 架
一 册
233
内閣文庫
和書 類
二六九〇五 號
一 册
八五 函
一一 架
外國
内閣文庫
番號 和 26905
册數 1（1）
函號 185 233

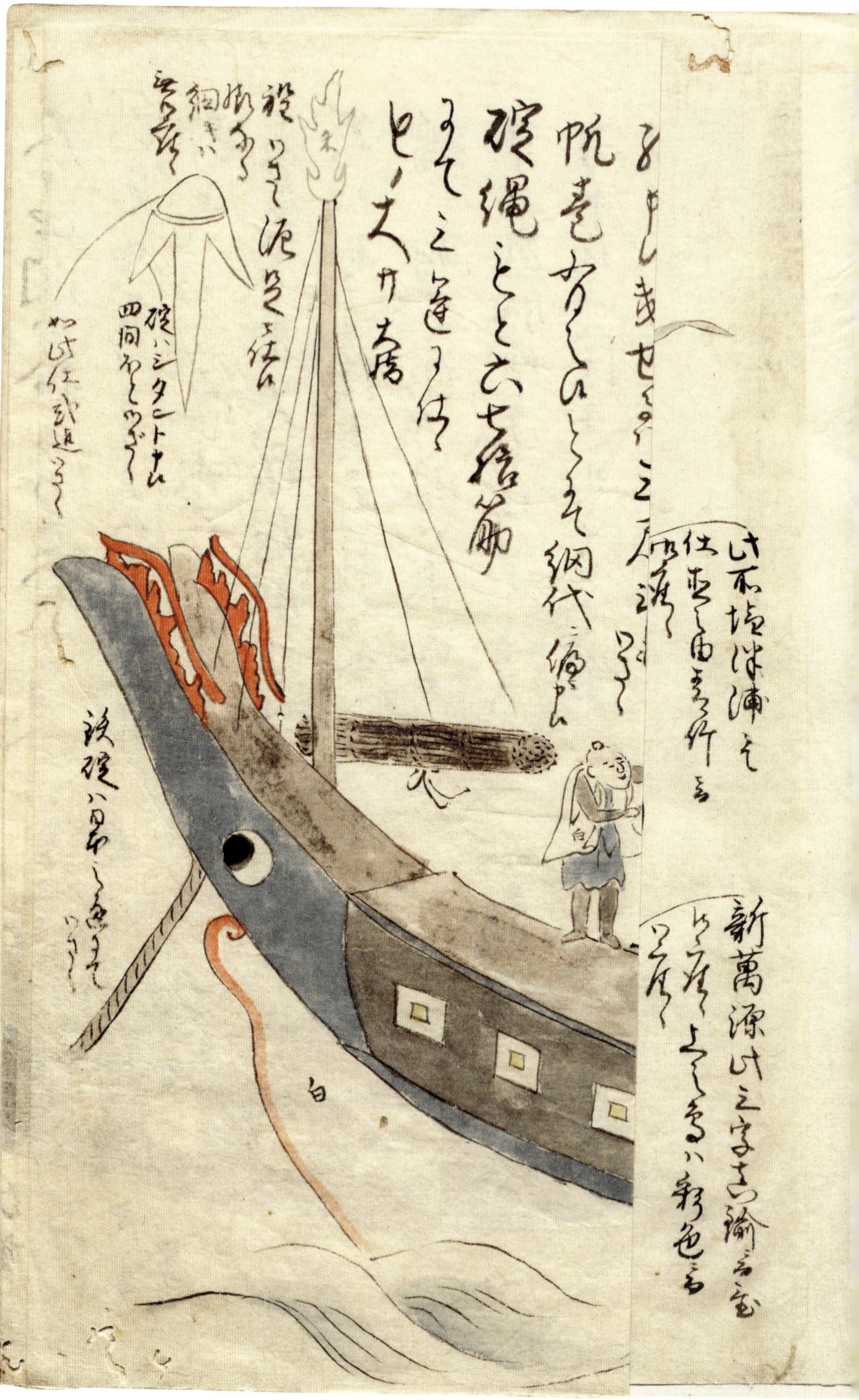
白
白

源萬新
白
白
白

熊野ゟ参候呉国船去ル十四日塩津浦ゟ
参候様ニ而、右参候諸役人参候組船ニて
十七日ニ若山ゟ漕出候船同日塩津浦ゟ
参十八日ニ塩津浦出帆致候由、夫ゟ十七日ニ
塩津浦ゟ罷越ニ参候処右浅舟も
此度汐船下木立候ゟかさり立和歌浦の

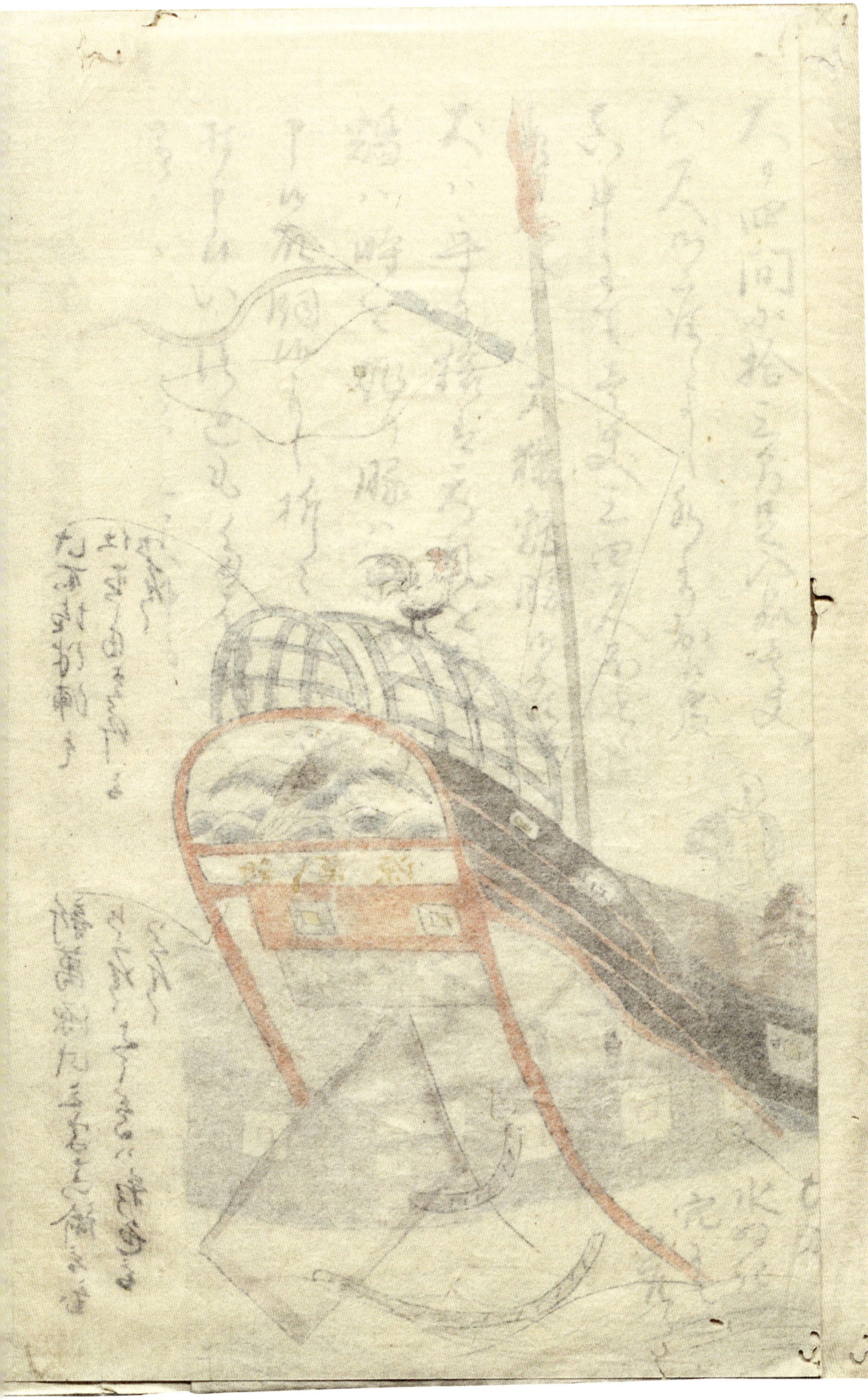

京にて呉国船之側に系留中に處
船之形を見候遠越を渡りにてとるの
方ハ三る廿水際より四間程も有之候に
船中を見候に其の通ひ事し無之候
船中より小猿又ハ犬にとり大ぶさなど
此度是ハ大きく役之者被渡候ゆへ大事に

方々数被造法庵へ入也と云人
田舎中ハ虚言を知る候ハ須なる也見之ハ
候へハおかしき物まことの様ニ有之冊
過去の中ハ後々の人々人舟の名もなく
云てみても人の中にかくのことを申けるを
ありけるに三月十日の夜ゝ後ニも各ゝ候ハ数寄冊

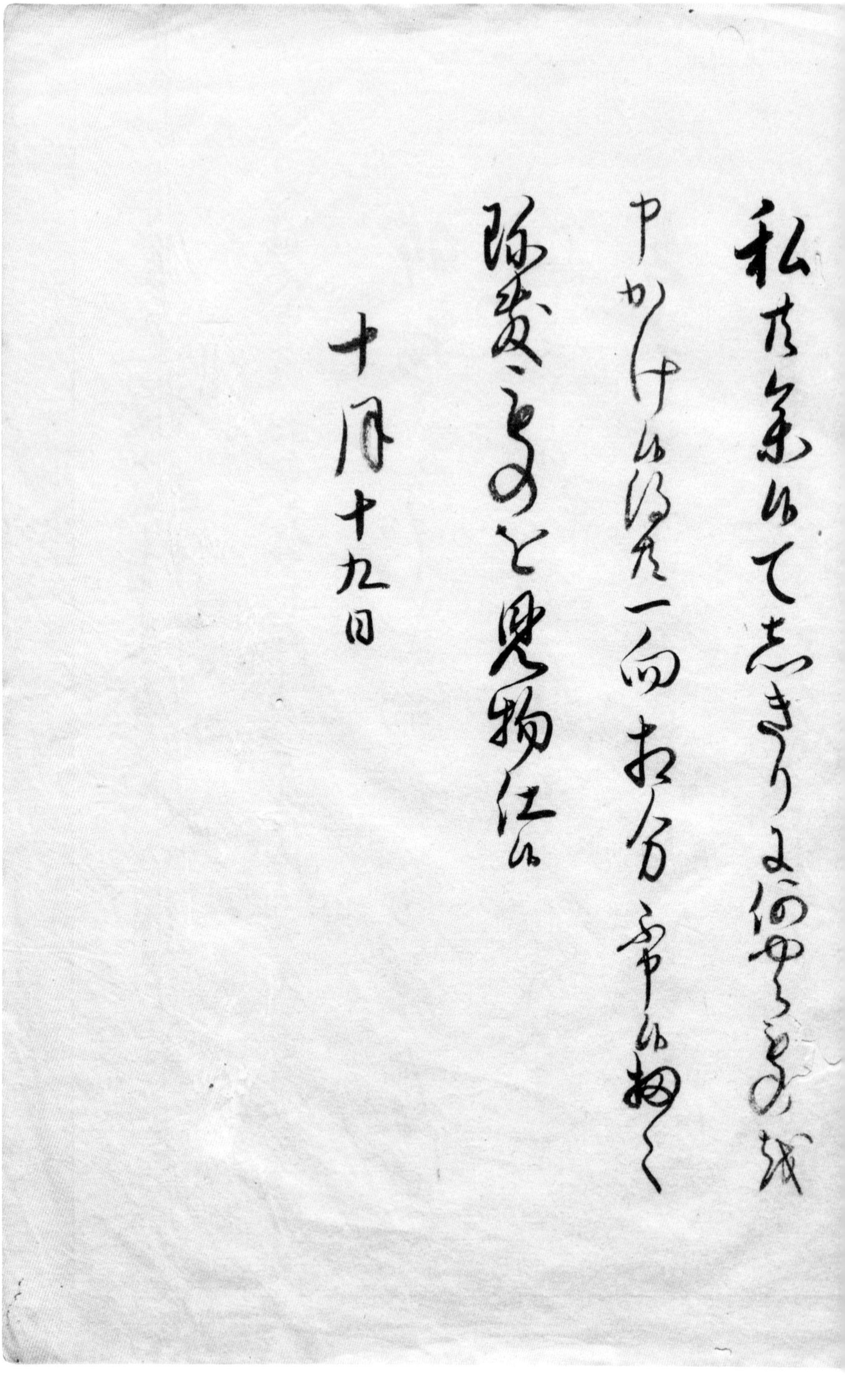
私方気ニて志きりよ何申ことも成
申かけ候得共一向存分不申候御く
路次ニてゆると見物仕候
十月十九日

かけ候よし中ハ右之紋ハ日なれと
桐替紋ハ三ツ波候ハ様之事かさせの色
赤ク相見へ申候人をせのゑかさし万く
中男紋とまて女人四五寸前見へ申候
紋をけし候而髪の中へ色氣をとらせ候
三ツおたゝ波しろへあかく下ケ清候ハ

無怪與

對

賤則福建省福州府鐵全価

白糖往天津北京不幸而七

月初六日被狂風飄浪寔難

當將白糖去水桅帆截斷幸

初問

貴邦何國而積何物至何国乎且何月何日出帆到何国而被太風飄流來哉

又問

人數幾人亦桅木截斷之時

也又告于衆人全於身而暫止
于此地且無慮而告於要用暫
而後正於国法而可返送于福
州可安於衆心憂苦

謝答

貴邦之良心憐賤人之労苦謝

淂逃出船中二十一人拘命由飄

到此今望國王恩救感恩不

淺

告福州人

被狂風大浪飄浪而到于此

地衆人皆可為苦難我倶憂

耶蘇宗門之廟在我国王之
城内
尊儒道之廟在我国諸侯府
之内
尊釈迦之廟在普陀落山
媽祖娘々之廟在庶民之郷

恩々々

問

尊耶蘓宗門哉如何尊儒道

與如何尊釈迦與如何尊神

道與如何

答

里程

復

楊金生

福州往北京水途順風

二十餘日海南往北京

我士亦有廟奉庶民亦有小

廟奉

庶民家倶是觀佛祖我国之

船倶是媽祖也

稟

祇子

福州古南越之地距北京幾

稟

往還二十餘日乎

復

以直

稟

漳州亦是福建省也與貴邦遠

一月餘上北京中福州
下海南

貴邦信佛乎足下及二十人
持何佛之法也嘗聞貴邦信
耶蘇宗君等亦有持是法者
乎

復

賤邦耶蘇宗旨冨者有之貧

近如何商買交易乎風俗

同異乎

復

有二日之地有七日之地我

船中皆漳泉之人

稟

我国王封之為天后聖母

稟

天后聖母應是婦人也今望之

傑然一丈夫也聖母之號如何

亦左右力士何者

復

者無之賤邦佛多但我船中
之人持媽祖娘々爲重

稟

媽祖娘々何神所謂天
后神乎

復

我邦共十四省并無稱王

禀

櫃中携來何等物件

復

上白糖　中白糖　赤糖

天門冬　蜜　冬瓜

誰船足金身似男子左者曰
千里眼右曰順風耳
稟
君等稱王者指乾隆帝乎福
州亦有王乎
復

稟

君等二十一人生計以商賈

爲業乎船中有士農工之者

乎

復

賤船中二十一人俱是我船

荷包　梹榔子　鯊魚皮

凌鯉壳　香柴

禀

持兵器來乎

復

無矣

徃南方買白糖至七月初六
日被狂風漂流到貴邦
稟
被風浪船具損失者幾多少
書記以示之猫爪及索有無
如何

主財本買亦有上中下之人
倶無士藏
稟
爲飄風所漂何地
復
賤在福州三月二十二日出帆

其有失者賤歸本国自理不
敢多書也賤歸告我国王知
情或聞多書恐国王責賤之
罪以來損害
告問
貴國

復
所失桅帆索桅一枝帆一領
大小索十餘條
禀
告官補闕耳
復

今日深但我家之父母不知

我死生如何能得賜旨使賤

早歸本國免賤兩地眼成穿

至死不敢忘其深恩也

復

諾

王何日使賤歸国

復

我未知期議於有司耳

叩

足下幸告

王知情念賤出來至今月

賤邦之人所食魚類蟳蠘

魚蝦菜類茄瓜匏葱荽蒜

韮

今蒙深恩但両國祖隔長

津有恩難報賤二十一人

心愿干後世托生在貴國

稟

我日本雖三尺童不盗而且

官命有司日夜警不虞也君

等寛心安慮勿恐懼魚肉野

菜従所好輙相贈耳

復

復

松栢杉杪木中小船用杉

木中船松栢

稟

貴国有虎乎射之乎

復

爲牛馬勞報深恩也

稟

貴邦杉木至大極高如何

復

杉木極多有長且大者貴

國用橋者何木

陳長利 二十九歳

李(リ)滿(セン) 三十三、

陳(チン)宝(ホウ) 三十八、

呉(ゴ)冨(フ) 二十九、

許(キヨ)仁(ジン) 二十九、

金(キン)生(セイ) 二十二、

林(リン)玉(キヨク) 三十二歳

林(リン)壽(シユ) 二十九、

洪(コウ)祿(ロク) 二十九、

林(リン)全(セン) 二十九、

黄(コウ)吉(キウ) 二十八、

林(リン)相(シヤウ) 二十九、

士職之者射之虎有之少

稟

其餘有猛獸乎

復

有之少

福州人二十一人名年齡

林永（リンエイ）　三十五、

金進（キンシン）　三十八、

印福（インフク）　三十一、

呂友（リヨユウ）　二十二、

金天（キンテン）　三十、

以上

李成（リセイ）　三十一、

張景　三十三、

呉金（コキン）　三十三、

呉遺（ゴイ）　三十二、

四、《宽政丙辰唐船漂着记》

《宽政丙辰唐船漂着记》是关于广州渔船漂流到日本东北地区，即今宫城县本吉郡十三浜村，在那里接受调查时留下的相关记录资料。

渔船于四月一日从广州出发，在两个多月后的六月八日漂流到了十三浜。

本资料除出现渔船的形态之外，还有用盐腌制捕获的鱼时使用的瓮、储存海上生活用水的水缸以及煮饭的铁锅等图片。从这些图片中我们可以更好地了解他们的航海生活。另外，当时中国和日本的商船、军船上已经开始使用木棉布，但是这条船上仍在使用席子，也让我们了解到渔船在使用木棉布之前的状况。从图片中我们可以看到，捕获的鱼放在铺有竹叶的篮子（可能是竹篮）里，捕鱼的具体方法和渔具的形态，渔民的着装甚至烟枪的图解。这些资料记录了清代中国海洋渔业的实际情况，是非常珍贵的资料。

为了祈祷航海安全，他们和海商一样，在船上祭祀天后圣母（妈祖神）。不过值得注意的是，他们在广州还祭拜了玄仙老爷和水仙老爷。玄仙老爷可能是《道教义枢》卷一的《玄门论》中“太清仙位九品”的第五玄仙，具体所指不详。而水仙老爷应当是指水仙尊王，是保证航海安全的海洋神。

清代初期郁永河在《海上纪略》中写道：“水仙王者，洋中之神，莫详姓氏。或曰：‘帝禹、伍相、三闾大夫，又逸其二’。帝禹平成水土，功在万世；伍相浮鸱夷，屈子怀石自沉：宜为水神，灵爽不泯。”可知水仙王是中国沿海地区广泛信奉的海神，常常附会于大禹、伍子胥、屈原等历史人物。郁永河在《采硫日记》中记载了船员向水仙王祈祷的方式：“划水仙者，众口齐作钲鼓声，人各挟一匕箸，虚作棹船势，如午日竞渡状。凡洋中危急，不得近岸则为之。”意思是说，当在海洋航行中遇到危急情况，无法靠岸时，船员们口中模仿锣鼓声，用筷子或羹匙当作船桨拼命划。他们认为这样就能得到水仙王的帮助，顺利上岸。

除了供奉保证航海安全的妈祖以外，船员们还信仰与海洋关系密切的民俗神和道教神，这些记录对于我们了解清代的渔业也非常重要。

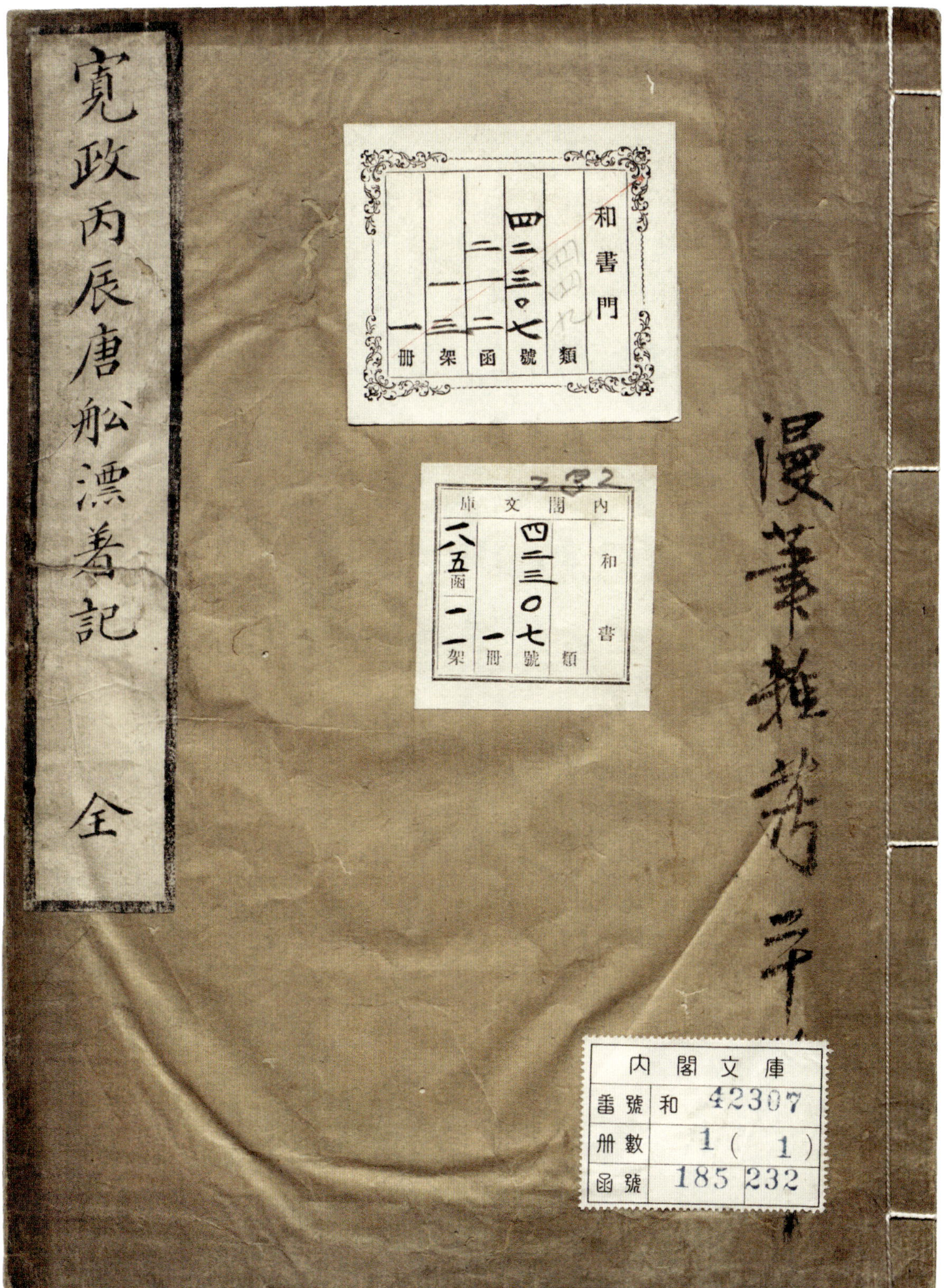
寛政丙辰唐船漂着記
全
和書門 類
四二三〇七 號
函
架
冊
内閣文庫
和書 類
四二三〇七 號
冊
函
架
漫筆雜著
内閣文庫
番號 和 42307
冊數 1（ 1）
函號 185 232

奥州仙臺領城下分東手
一本吉郡十三濱之内大室ヲムロと申處ニ外國船
漂着致候 大ニ驚キ申候 仍而色ル十日頃乃ろ以し
見候處 廣州新寧縣之漢人陳元成陳世德
外ハ一文不通ニ而 不足記姓名を都合十四人之
船ハ大丈夫造り荷物も積まて 當四月初出帆之由ニ御座候
書以爲爲見候處 讀候様子也 生離別之情緒記
爲見候處 貳人落涙いたし 筆を染候得は 十二三ノ
童子の如く大悪筆ニて 姓名歳地名計書具有之候
爲書可申と致候得とも 無學小字體未曉ト辨出申候

廿度十三濱ニ而ハ室と申処ニ廣東漁船漂着

右船中漂流之もの迄漁ニ計かゑへ流され砂しまふあるに而遁し船ニ而ふ言浜ニ
おかに寛政年の
出船六月に入小室にて吾云清と申者貝有之唐人乃同人ヲ噂ら討し外
數ひ申に於に而

○帆ハ莚ニ而アシロニクミタリトウノ如クニミヘタリ
○船ハ一躰ツクル條(?)同ク作ニ而ミヨシノ処板ニ而有
○帆柱ハトモ艫ノ方ヘサシアトサキヘヨセテタテル
○梶柄ハクロキ木也
○船長サ拾貳尋
文字切付アリ

大清乾隆中國廣品府人
漁船ニ風来地急達
國主可喜入國有父母有

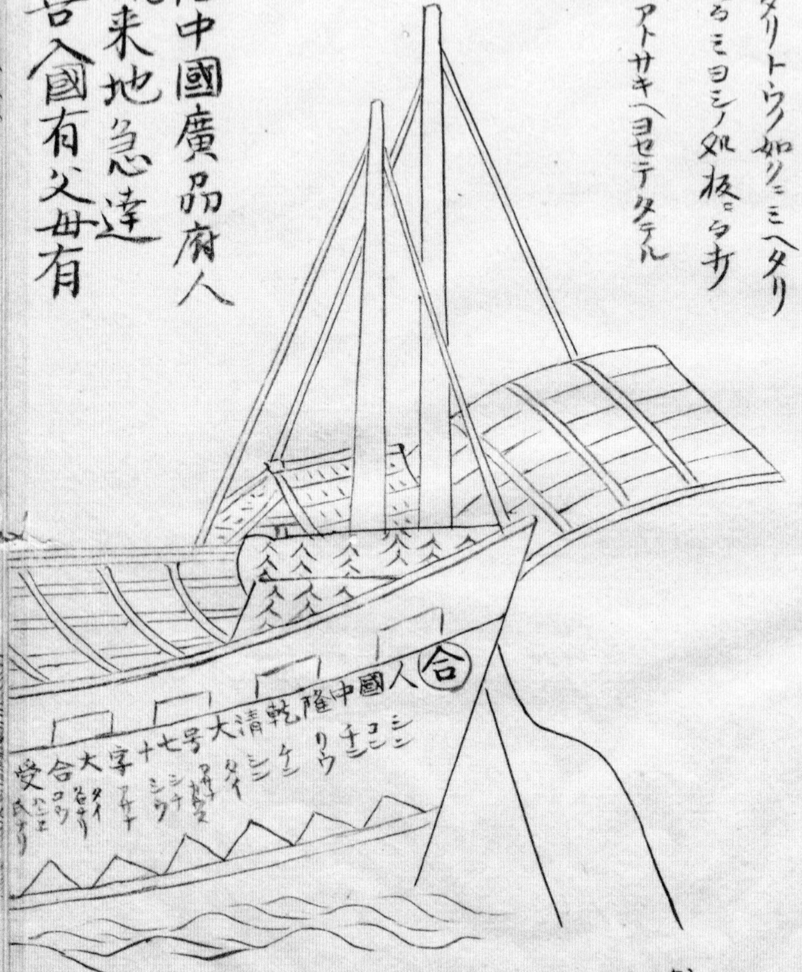

外国ノ舟ニハナイ
中華ノ舟タト云心
今ノ天子年号
帝一代年号不改
今ノ中華ノ名
十七アカナナリ
大字 タイノアカナト云テ長ナリテ
カウワイタアカナナリ
受合ノ名ナリ
陳ハ氏ナリ舟主ノ姓ナリ
アトハ役ヲカケテ
御改ヲ受テ居ハ
舟ノカスタト云心ナリ
港ハサトノ名ハヤヘ市

人物ハ直髪ニ而申候廣東省之由頭ハ少傳候通り
中髪を立纏り候而長く下ケ申候何レ琢髪事御座候

一 髪をけし坊主の如く正中ニ
立て根より三ッ組ニし
下へさげ髪先を
結

衣服皆
木綿ニて地
太く厚し
下ニ着袴ハ溜色の
せまめの細なり 尤上衣の上も
くゝり申候
人品大がらそれ也て見得申候

木ニ作ル
きせる也

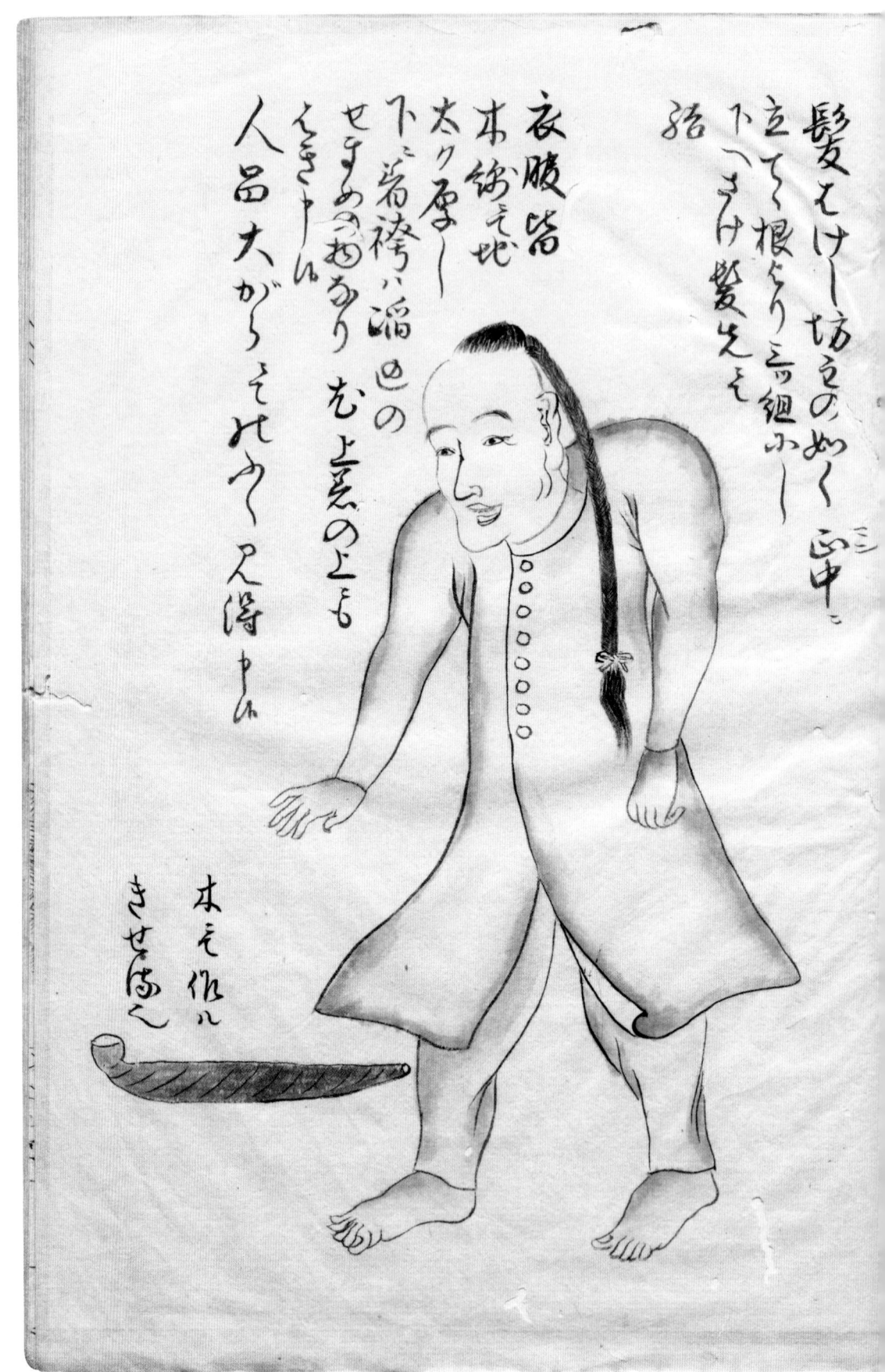

妻子

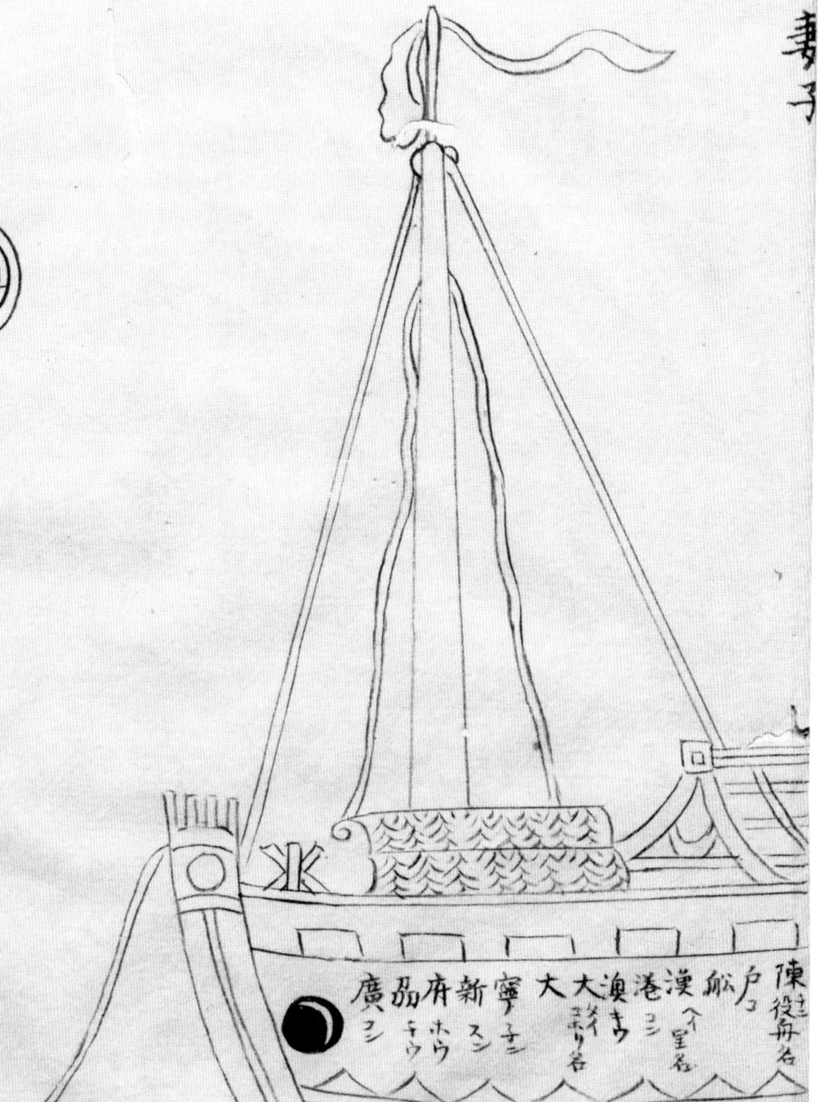

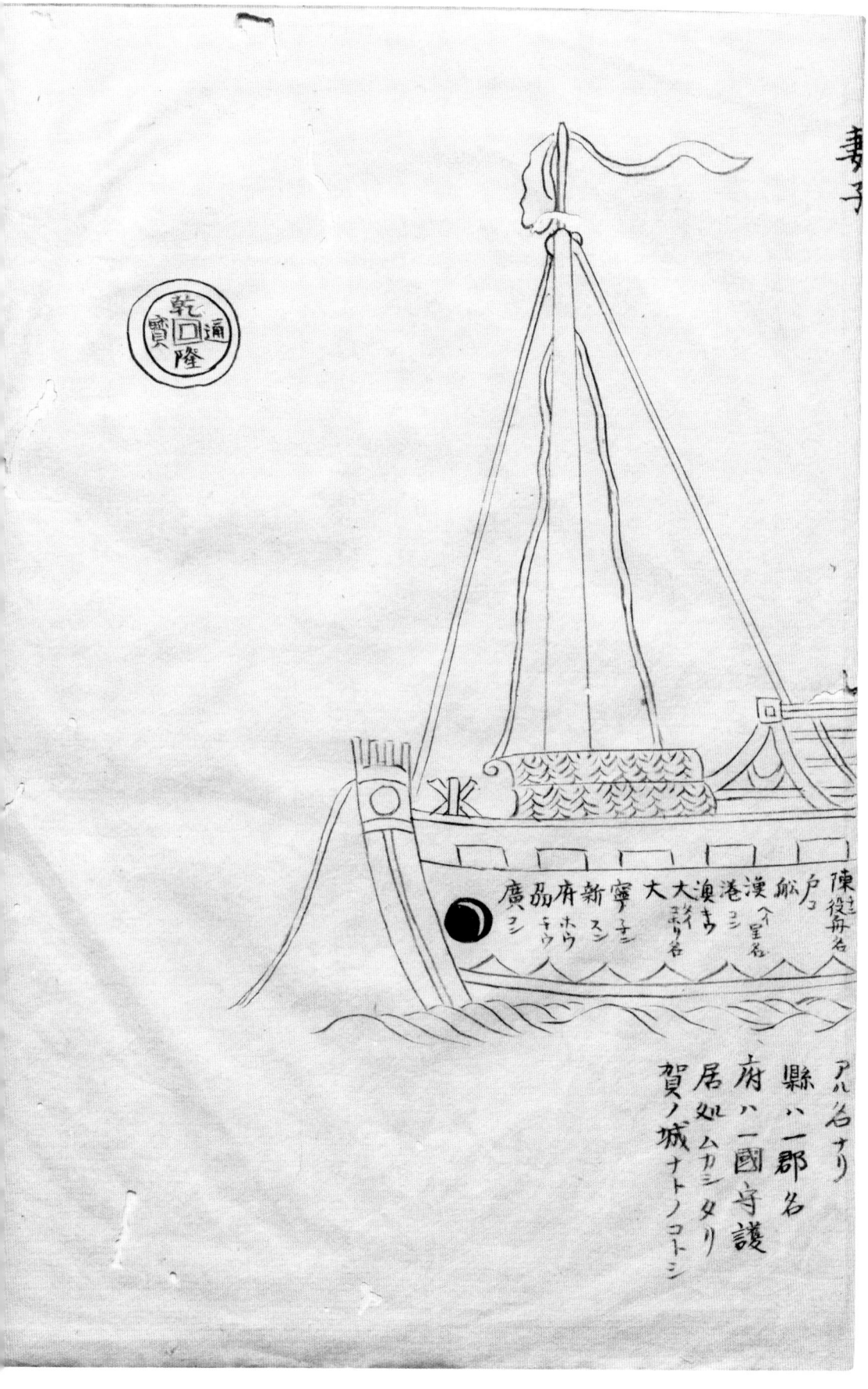

アル名ナリ
縣ハ一郡名
府ハ一國守護
居処ムカシタリ
賀ノ城ナトノコトシ

一

廣州府漁船ト答ハ
船長七丈余幅一丈八尺余
深九尺程惣人数十四人余

本吉郡大室濱
六月八日八ツ時漂着
石巻ヨリ七里余

船頭答ニ
本歳四月初一日
出港ト云外畧ス

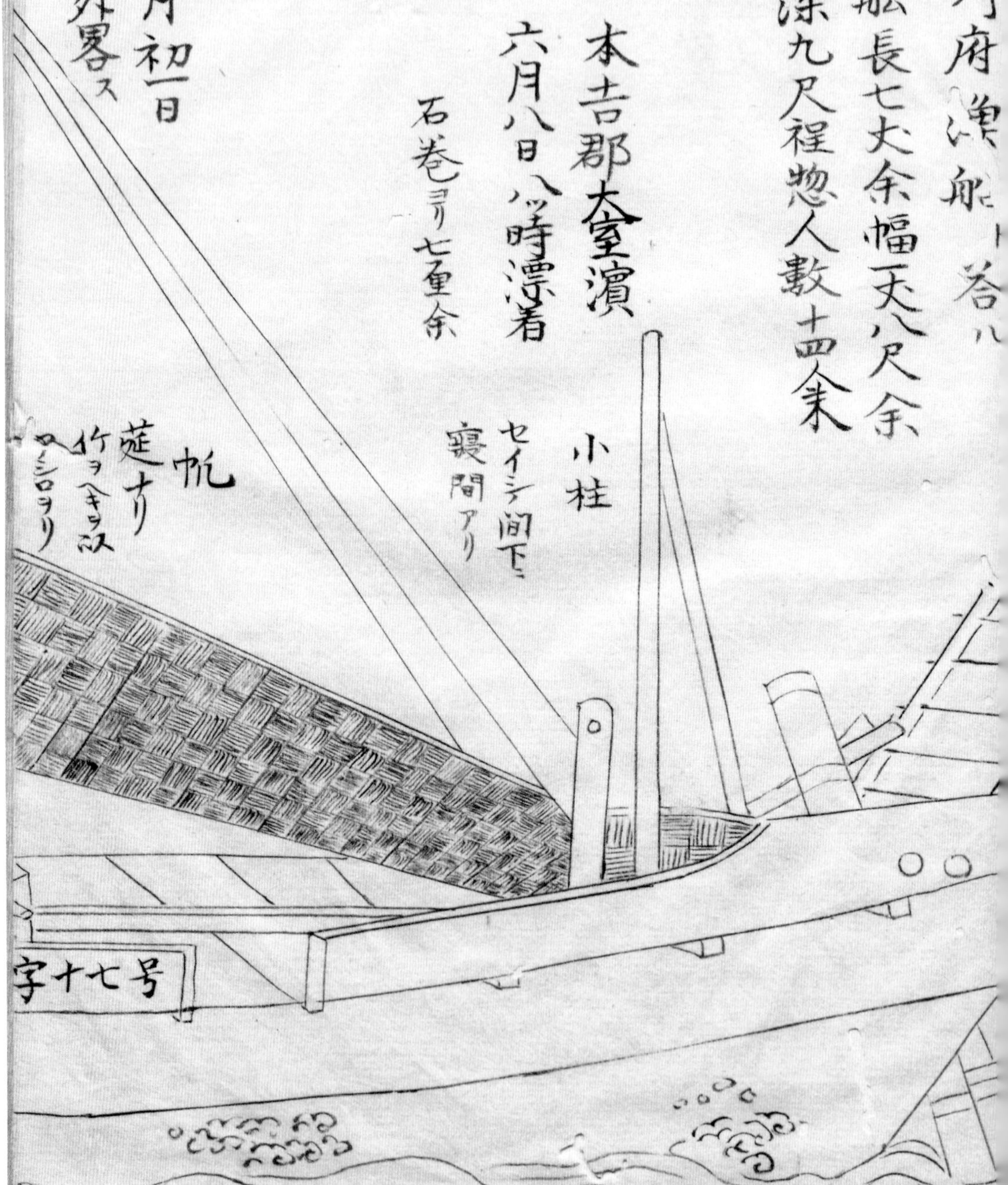

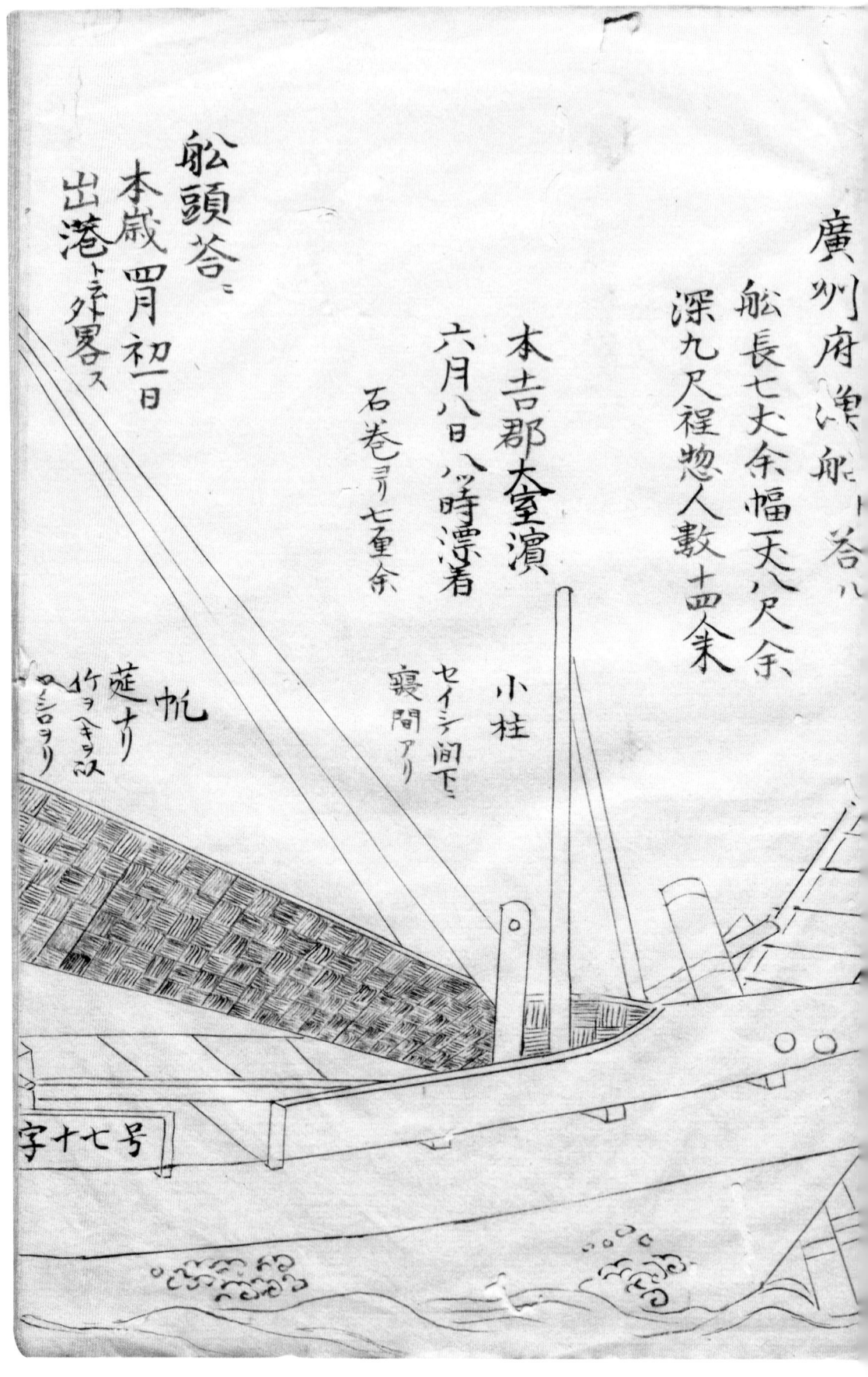

篭之中へ
笹葉を入ル

乾隆仁君國号
大清乾隆中國人
漁船姚風來地也
四月初一日出國也

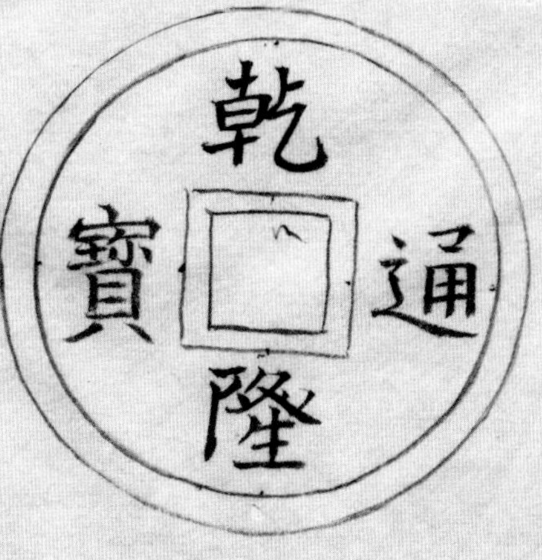

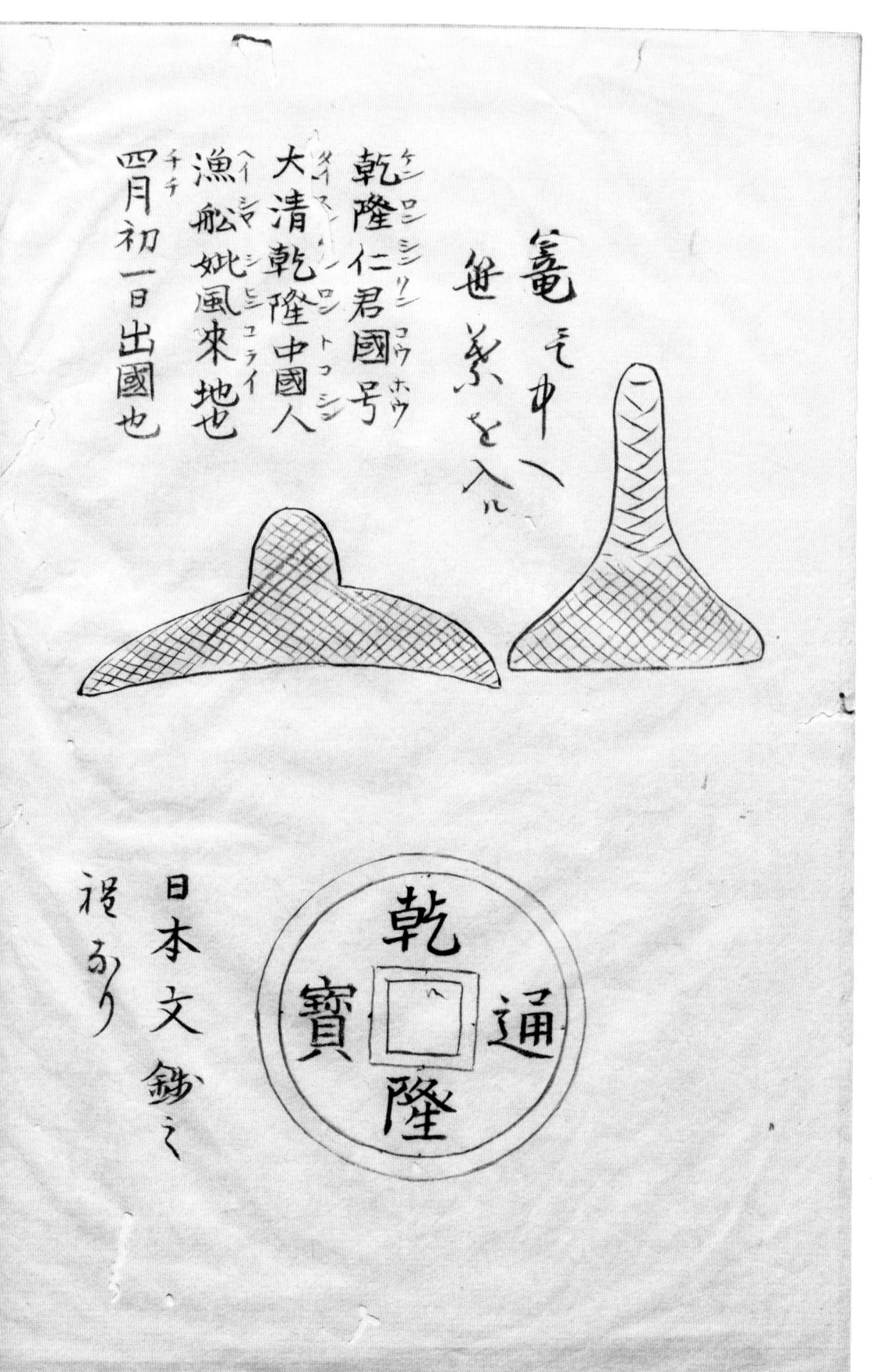

日本文鈔之
裡あり

船六之助七八人乗ニ而陸ヨリ百四五十里程引隔日
本船共不相見得舟見当申候ニ付助船ニ而近村船ヲ
寄せ候而陸ニ手扱助呉候様ニ有之候ニ付
磯邉へ為引付于時辰六月八日翌九日同處
住居之　醫師某々漂着人同道

國者何国

大清乾隆中国人廣東省
廣州府新寧縣

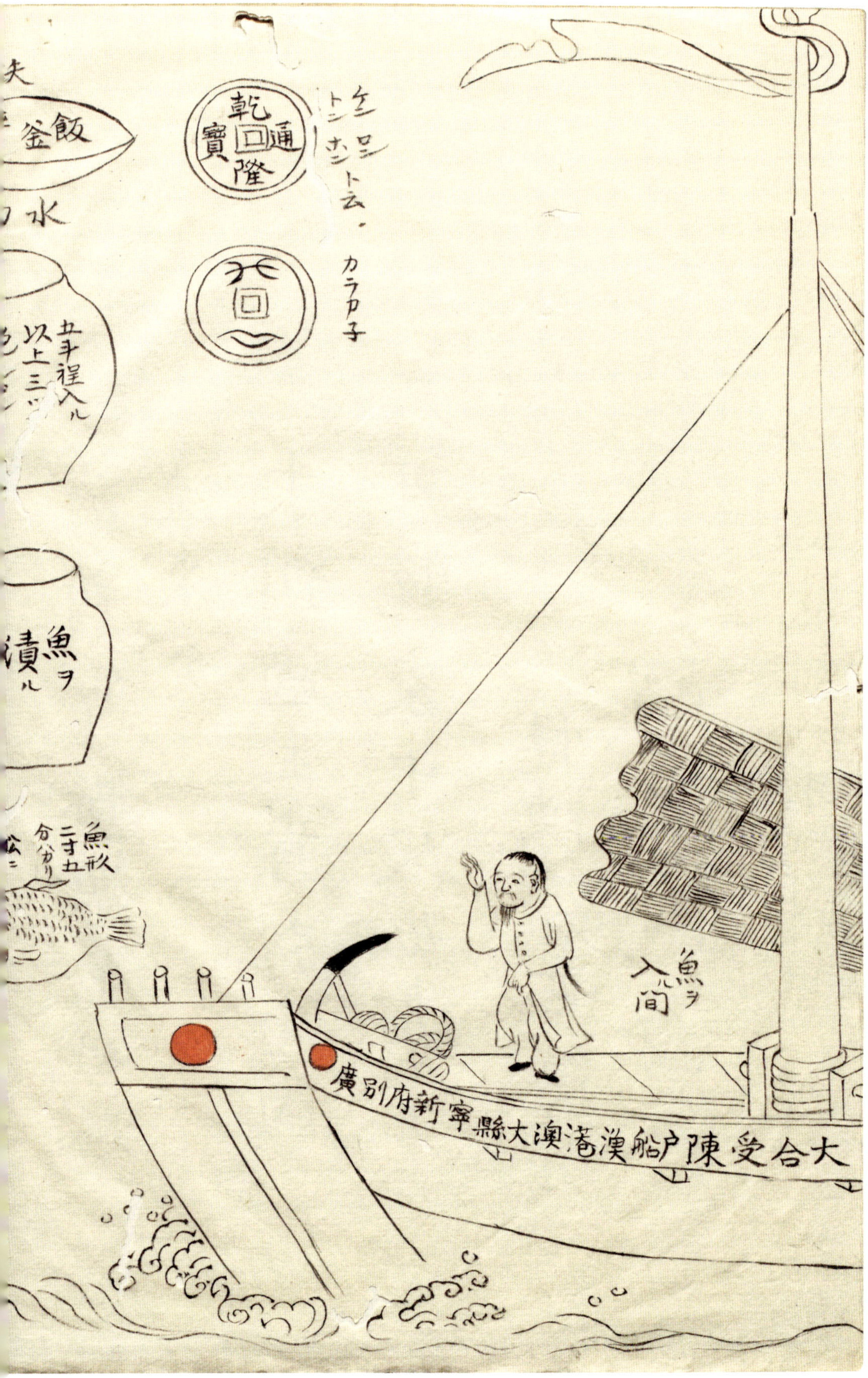
飯釜
乾隆通寶
水
魚ヲ漬ル
魚ヲ入ル間
廣別府新寧縣大澳滄漢船户陳受合大

府新寧縣漁舩姚風

流來矣

求到國王肯引回國

可悅家中父母妻子

性陳名世德

｜第｜

｜林｜光德

何月何日出
出港之時人
數幾何
天下今之代号
者何年号者何
廣州拜何神

四月初一日出港紕風來
無答
今本国王乾隆八十有余今退
與喜慶元年奐求到國王音
引回国可悅家中父母妻子
玄仙老爺 天后聖母
水仙老爺

｜林｜｜隆輝

合十有四人

產物

魚

砂

米

烟草

陳——讓光

林——招聲

陳——元合

以下同姓

阿猪

阿娘

松

阿夏

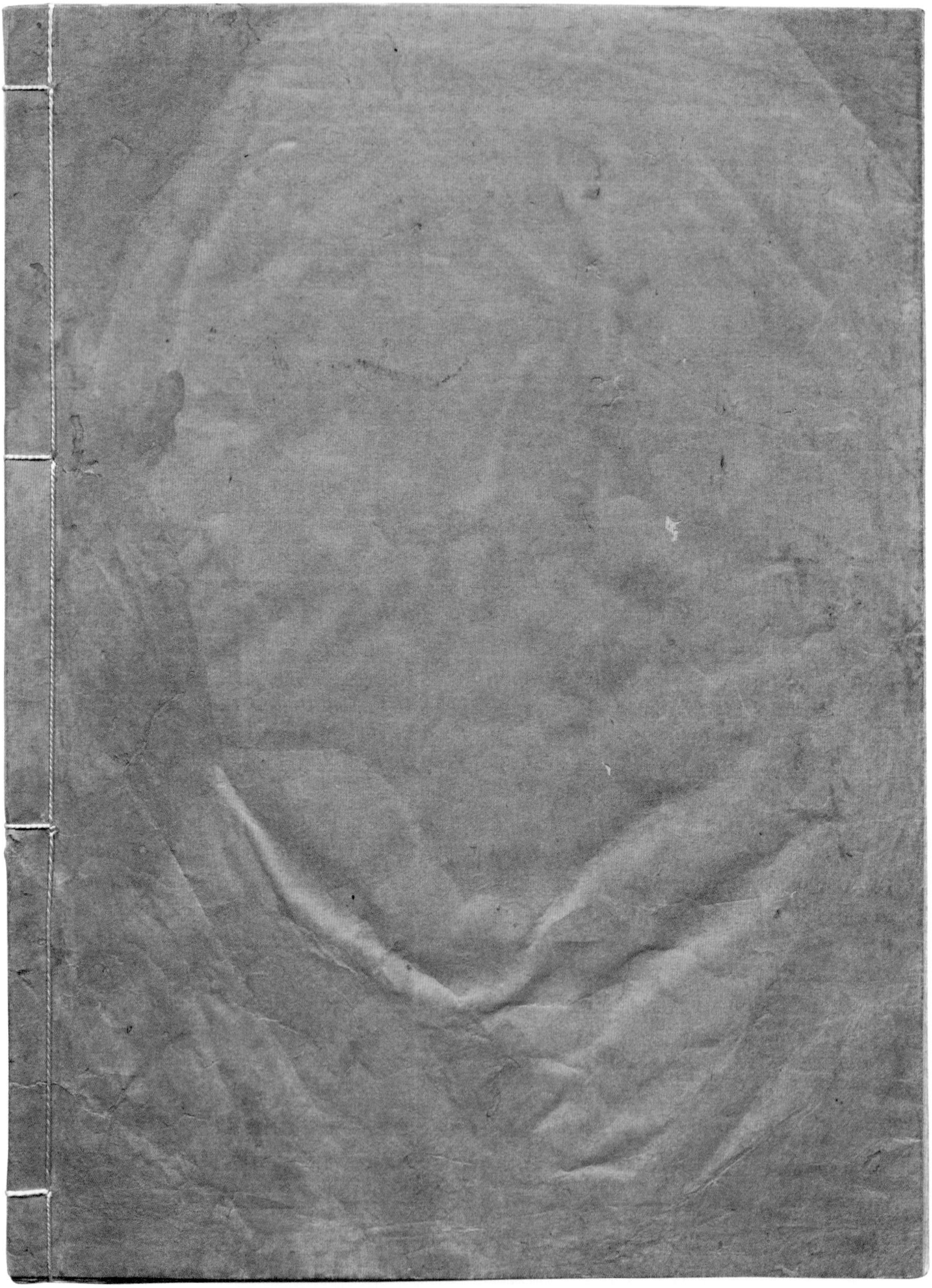

五、长崎来航唐船海士菩萨帜

《文政杂记》是文政五年至十三年（1822—1830年）的记录合集，也收录了部分江户时代初期的记录。记录内容十分驳杂，从菲利浦·西博尔德（Philipp Franz Balthasar von Siebold）事件到集体参拜伊势神宫、讨伐敌军等等，不一而足。该丛书推测是藤川贞执笔，未见其他抄本收录，且未刊行。

长崎来航唐船海士菩萨帜收录于《文政杂记》，是道光八年（1828年）长崎唐馆的海商向久留米水天宫献旗的相关记录。水天宫是日本人祈求航海安全的神社，与水有着密切的关系。久留米到长崎的直线距离约八十公里，相较而言，这里离港口城市博多更近。博多在今天的福冈市附近，隋唐时期就与中国大陆、朝鲜半岛有交流活动。

清代的中国海商认为，水天宫是保佑航海安全的观音菩萨的化身。日本人虽然认同其航海安全神的身份，但并不认可观音菩萨的称谓。因此中国海商只得以“海士菩萨”这一航海安全神的名义向该神社献旗祈祷。中国海商在异国他乡不仅向妈祖和观音祈祷，还向别国的航海神祈祷航海安全，这些行为是值得我们留意的。

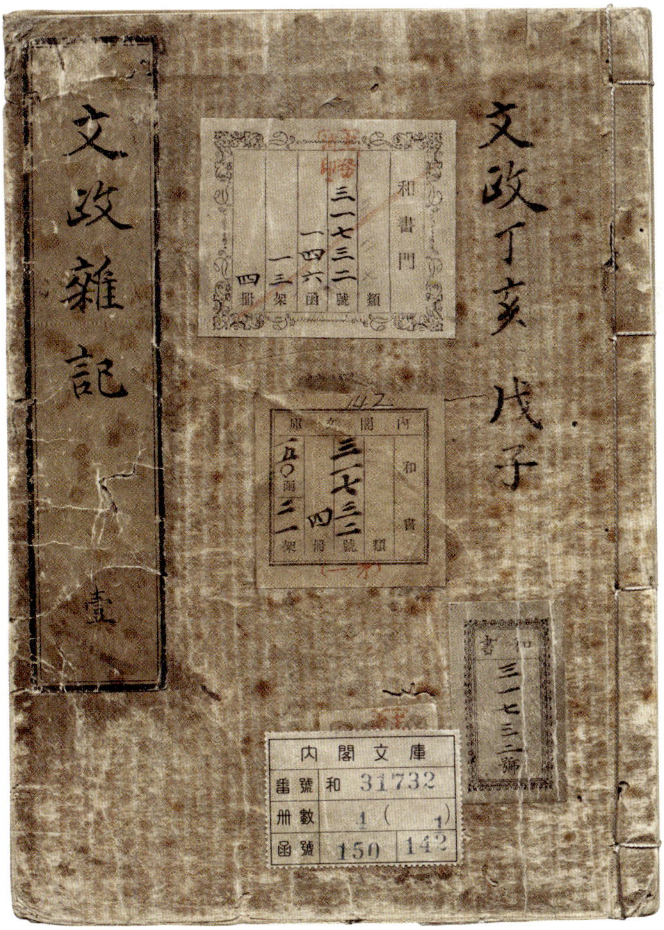

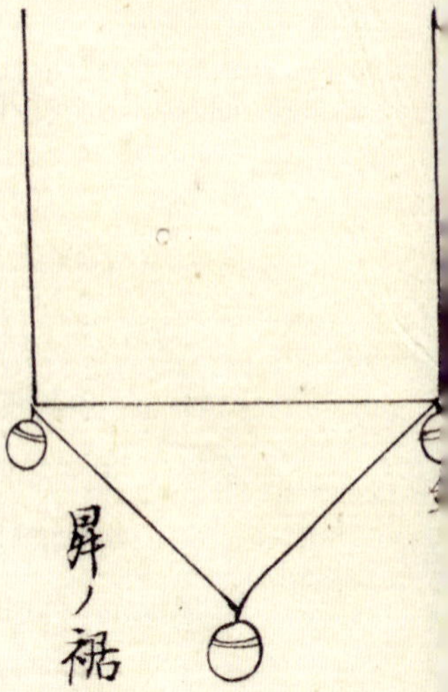

長八尺七寸
幅一尺七寸五分

右文政十一年戊子長崎唐人欽来船清人より久留米
水天宮へ寄進の所観音菩薩と唱来ニ而候観音也
海上と申国ニ而観音の化身ニ御座候てハ如何れ異説ハ
無之日本人ハいまた海士菩薩と唱守札三百枚 枚数
有之候
当時喚名中院菊之く

同人

さく　年十六

押印

右於同井伊賀守殿役宅深谷十郎左衛門立会伊賀守申渡ス

子十二月廿二日

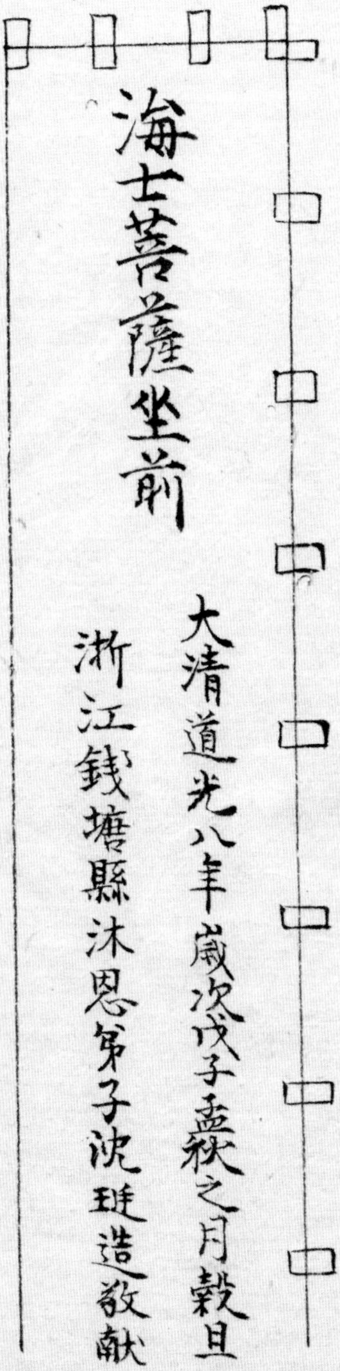

海士菩薩坐前
大清道光八年歳次戊子孟秋之月穀旦
浙江銭塘縣沐恩弟子沈珽造敬献

地猩々緋文字白繻緞ニテ縫出し乳鹿茜

第四章 东京大学驹场图书馆所藏资料

场馆名称：东京大学驹场图书馆

场馆地址：东京都目黑区驹场 3-8-1

场馆主页：https://www.lib.u-tokyo.ac.jp/ja/library/komaba/contact

东京大学历史悠久。明治维新后，政府决定整合旧幕府所辖的昌平坂学问所、开成所、医学所，建成新大学。1877 年整合工作完成，成立了直属于文部省的官立东京大学。这是日本模仿欧美制度建立的第一个近代教育、研究机构，也是日本第一所拥有学士学位授予权的大学。

在东京大学，承担历史资料收集和研究重任的是东京大学史料编纂所（Historiographical Institute, the University of Tokyo）。他们负责推进国内外史料的调查、收集、复写、分析、编纂、公开和研究等一系列工作。该编纂所起源于 1793 年的和学讲谈所，是德川幕府资助的国学者塙保己一开设的。因此可以说，东京大学史料编纂所的历史比东京大学还要长，已有 200 余年历史。近年来，随着成像技术的发展，史料编纂所设立了画像史料解析中心和前近代日本史信息国际中心两个附属机构，开始使用数码图像进行分析研究。

东京大学的历史资料，由史料编纂所进行集中收集和管理。这些资料主要集中在本乡校区的综合图书馆、驹场校区的驹场图书馆、柏校区的柏图书馆，其中《指南广义》收藏在驹场图书馆（东京都目黑区驹场三丁目）。

东京大学驹场图书馆 2002 年 3 月竣工，同年 10 月开馆，高四层，占地面积 8600 平方米。目前藏书 70 余万册，杂志约 6000 种，每年接待读者超 20 万人次。驹场图书馆的重要收藏主要有守野亨吉文书、资源科学研究所的本草书、第一高等学校旧藏资料、大日本海志编纂资料。

守野亨吉曾担任第一高等学校的校长，与他相关的校务文书、日记以及个人信件结集成册，收藏在这里。

资源科学研究所的本草书收藏包括《神农本经》《本草纲目（部分）》《本草述》《增订本草备要》《本草汇》《本草诗笺》《昆虫草木略》《灌园草木识》

《南方草木状》《农政全书》《农桑辑要》等植物草药相关的书籍，以及《天工开物》《南产志》《事物异名录》《延喜式》等书的抄本。

第一高等学校的旧藏资料包括当时学校所藏的文书、图书、挂图、照片等资料群，主要有教育用的挂图、《本朝世纪》等等。

大日本海志编纂资料是海军省（管理海军的军事行政机关）为编纂日本海志而收集的资料，在战后移至驹场图书馆。本卷收录的《指南广义》属于这一类资料。

明治十六年（1883年），海军省计划编纂《日本海志》，为此大量收集关于海军、外交、海防、造船、海运、海外通商方面的资料。到了第二次世界大战后，这些收藏在海军省的图书资料被转运到位于本乡的东京帝国大学，其后运往位于驹场的第一高等学校。这部分资料在2009年被移交至东京大学驹场图书馆，经过数字化处理后向公众公开。《指南广义》就这样从海军省的收藏，变成了东京大学驹场图书馆收藏的"大日本海志编纂资料"的一部分。

海志编纂资料的特色在于收录了大量海军和造船相关的历史资料。其中很大一部分来自与海军有着千丝万缕联系的旧萨摩藩藩主岛津家。资料中有多种船只的图样，很多都是其他资料中难以找到的。

此外，驹场图书馆所藏的"大日本海志编纂资料"已经有很多完成了数字化，可通过互联网进行检索。网址为 https://iiif.dl.itc.u-tokyo.ac.jp/repo/s/kaishi/page/home。

本书收录的《指南广义》，作者是程顺则（1663—1734年）。该书于康熙四十七年（1708年）在中国琼河的福州琉球馆（柔远驿）付梓发行，成为往返于那霸和福州的贡船所使用的指南书。

程顺则1663年出生于琉球国的久米。其父程泰祚曾随进贡的使者一同赴清，但从京城返回时，因三藩之乱无法回到福州，最终在1676年客死苏州。程顺则21岁时赴清担任通事一职，虽曾一度短暂返回琉球，但最终再次前往福州，花费数年时间师从陈元辅学习朱子学和汉诗。

康熙二十二年（1683年）册封时，冠船（册封派遣的头号船和二号船）上操控罗盘的掌舵工向程顺则传授了航海针法。他将这套技术和"久米三十六姓"所传的航海术一并收入《指南广义》中。此外，书中还记载了琉球作为朝贡国，从那霸到福州航海的航线和实态，是不可多得的珍贵书籍。

"久米三十六姓"又称"闽人三十六姓"，源于琉球国王察度（1350—1395年在位）时期。1392年，受明洪武帝之命，从福建向琉球国派出了大量学者和航海专家，因他们居住在那霸的久米地区，故称为“久米三十六姓”。

通常认为，以琉球国的那霸为中心的华人集团和社群，并非洪武帝那次命令带来的大规模移民所致，而是通过长期移民不断形成的。明清期间的华人移民，给琉球这一朝贡国带来了大量的知识和技术。他们在朝贡事务、船舶航运、航海技术的传授等方面发挥了重要作用。“久米三十六姓”的后裔以及居住在久米村的华人被称为“久米村人”，他们在1872年明治新政府将琉球纳入日本之前的约500年间，一直从事着明清与琉球间的外交、贸易活动。

《指南广义》不仅记载了明清时期琉球国朝贡时使用的戎克船，以及明清时期的航海技术和航线，还对航海过程中的仪礼和信仰方面有详细记载，包括祈祷航海安全的活动，对妈祖等诸神的祭祀等。

该书的目录如下，从中可以窥见大致内容：

海岛图／针路条记／传授针法本末考／天妃灵应记／请天妃安享祝文／请天妃登舟祝文／请天妃入庙祝文／天妃诞辰及节序祝文／祭天妃仪注／周公指南地罗二十四位图／定更数之法／开洋下针祝疏／风信考／逐月暴风日期／许真君传授龙神行日／出行通用吉日 附忌日／论用往亡日／百事吉日／四大吉时／行船通用吉日 附忌日／逐月行船吉日／四时占候风云／准备缓急物件／潮汐论／月华出时诀／定寅时歌／大阳出没歌／大阴出没歌／定四正四隅之法／正隅对念法／二十四位顺念法／观星图／四时调摄／饮食杂忌／养心穷理／谨戒戏谑／戒浪饮酒／禁作无益

附录：河口桑远驿记／重建天妃楼记／上地祠记／祭土地祠祝文／崇报祠记

该书内容包罗万象，有航海针法，福建与琉球国那霸间的航海图，关于妈祖的“天妃灵应记”，关于暴风和风向的“风信考”，与装船和出航吉日相关的“出行通用吉日　附忌日”，与航行中饮食饮酒相关的“饮食杂忌”“戒浪饮酒”等。除此之外，书中还记载了他们在航行中的祭祀及其相关活动的实态，对于理解他们如何面对航海的危险，提供了宝贵的一手资料。

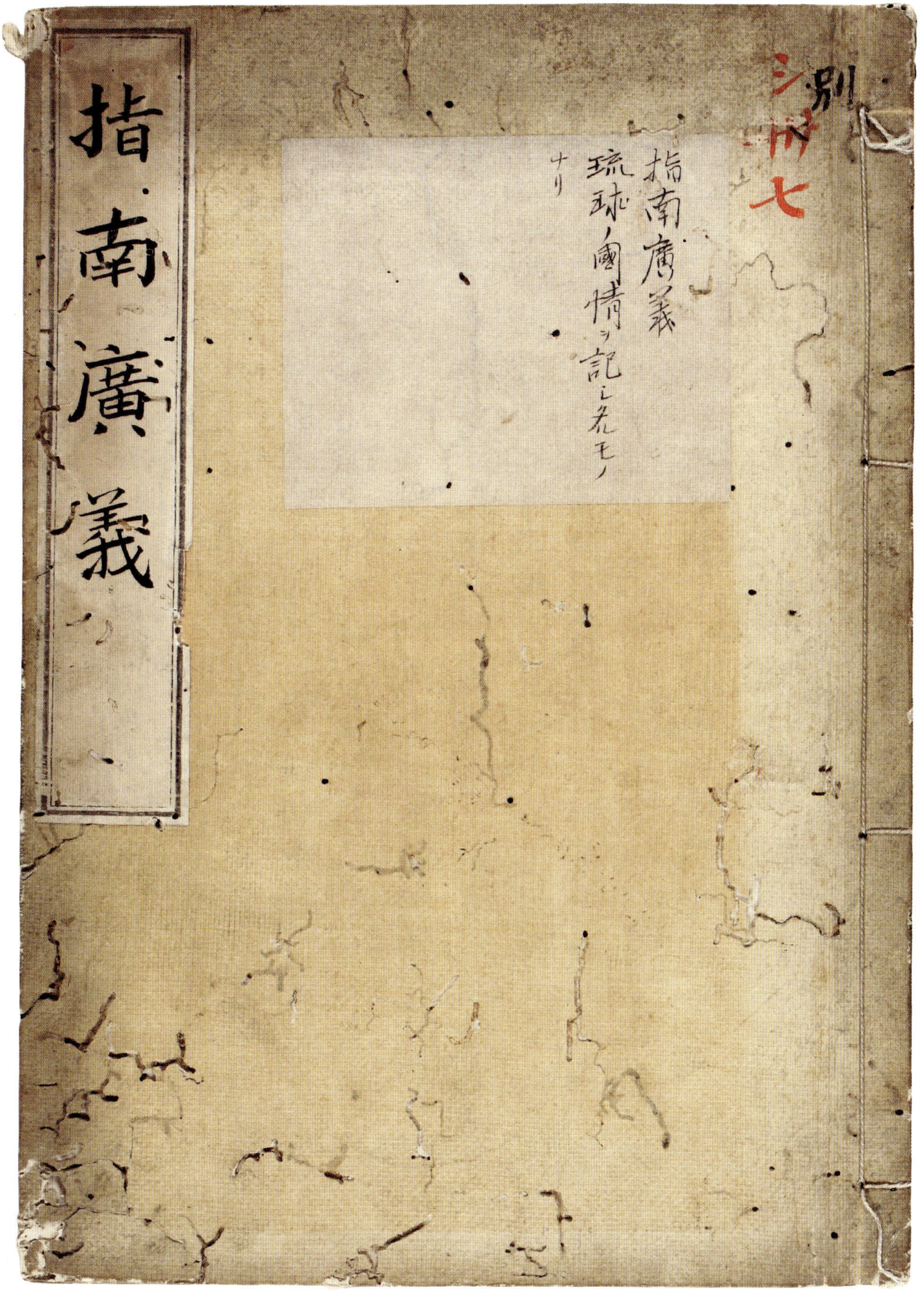
指南廣義
別
シ卅七
指南廣義
琉球ノ國情ヲ記シタルモノ
ナリ

指南廣義序

道形而下者謂之器姬公之指南雖爲浮海
……五行八卦以及十干十二支靡不該括器
也而道寓之應變無窮又不僅爲操舟人說法也惟是
聖天子聲名洋溢凡有血氣莫不尊親異域君長獻琛踵至皆從
渲渤中来指南之法其可畧而弗講歟吾門程雪堂潛心學
古博覽群書非關世道與裨人國者不以失諸口筆於書前
著廟學紀畧尊聖道而重師儒一時千載今旦爲大夫矣猶
䰟々以地羅要旨爲急務者蓋誠有見於貢之所通者海也
海之所濟者舟也舟之所憑者針也針之理微非考之舊本
參之時論彙輯成書使司針者玩索而有得焉幾何其不至
於舛謬也雪堂指南廣義之輯意其有在於斯乎集成授梓
丐余一言弁其首余雖不知針中之妙然東西南北人也曩

指南廣義

進上物

道形而下者謂之器姬公之指南雖爲浮海
五行八卦以及十干十二支靡不該括器

近海

序

形而上者謂之道形而下者謂之器姬公之指南雖爲浮海者設然九州四方五行八卦以及十干十二支靡不該括器也而道寓之應変無窮又不僅爲操舟人說法也惟是

聖天子聲名洋溢凡有血氣莫不尊親異域君長献琛踵至皆從溟渤中來指南之法其可畧而弗講歟吾門程雪堂潛心學古博覽群書非關世道與裨人國者不以失諸口筆於書前著廟學紀畧尊聖道而重師儒一時千載今旦爲大夫矣猶鰓々以地羅要旨爲急務者蓋誠有見於貢之所通者海也海之所濟者舟也舟之所憑者針也針之理微非考之舊本参之時論彙輯成書使司針者玩索而有得焉鮮何其不至於舛謬也雪堂指南廣義之輯意其有在於斯乎集成授梓丐余一言弁其首余雖不知針中之妙然東西南北人也曩

近

自叙

昔周公作指南越裳氏賴以歸國制器利用萬世宗之中山僻處東瀛代膺

封典任土作貢往返無虞皆荷

天朝福澤遠庇所以海不揚波如期至止惟是過洋之與行路夷險迥殊余四抵閩三入

京師南北間關舟車勞瘁惟以奉簡書尊

天子為拳拳雖風霜撲面心不為動至渡海時上霧下潦萬里蒼茫有風則浪頭高並於山無風則船脚欹搖如簸崩崖裂石之聲弗絶於耳未嘗不心膽為之俱碎因思匠用規矩射憑彀率古人成法均不可廢何况指南聖人所造變化無窮更當研究也乃取曩者　封舟掌舵之人所遺針本及畫圖細為玩索覺天之下地之上顯而易見微而難知者一一在目

嘗過九江浮鄱陽洞庭閭湖光滿項飄然一葉續渡瓊南望儋崖萬三州弔當年橫海故道慨然念馬伏波上霧下潦之言浪急濤飛幸獲無恙者舟人之心不爲動故也然後知心定則船定一以貫之而已矣明乎定之義者不獨涉大川而不驚也即遺大投艱與夫橫逆之來非常之至皆可靜以鎮之無恐怖心此惟聖堂可與言者故因序其書而並及之閩人陳元輔昌其氏撰

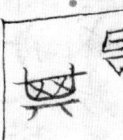

陳元輔

昌其

指南廣義重雕序

聞指南廣義者航海必需之書也歲壬午余充貢使役索之得板本一繕本一其間殘缺失次字畫舛謬合而互參之書始全予因而有憾焉考指南周公爲越裳氏作而廣義則吾邦聖堂程先生所輯也先生尊聖重道學博行優爲吾邦斯文之倡凡所著書皆有裨益於後况廣義爲海洋針路日月星辰風雲氣候順逆轉變鬼神祟報窮理集義保身養心之法一以貫焉可任其湮没不傳哉且余邦固有奉

表献

貢捧

勅領

賜往來於島嶼飄渺之中烟波浩蕩之際則上自士大夫家下迨舵工水梢尤宜講明熟識此先生所以特集成授梓以傳世

不啻犀燃燭照但文有繁冗字多差訛悉爲參考改正以作
度世津梁虽然此舟人事也余忝從大夫之後職在修貢典
勤使命區々橈柁末節似非吾黨當務殊不知貴貢物而來
捧
璽書而返皆於船乎是賴倘司針失人則神不定
大典攸關是亦予輩之責也夫書成授梓因顏之曰指南廣義皆
康熙四十七年歲次戊子麥秋既望
琉球國中山王府進貢正議大夫程順則書於瓊河之古驛

引言

世有異書多珍藏之以為秘本　封舟掌舵者獨肯授人此老殊非世俗心腸余披卷之下慨然想見其為人余留心針法久矣憶昔從紫金大夫王公諱明佑者抵閩舟行至某處公穩坐艙內為余言曰開洋抵今計日當至某處爾出視之若見有墨魚骨者即其地也視之果然世有㸃料水程如公之神者乎知其精熟針訣續有疑难一一問之緣未見全書不敢輕於立論今得此卷實獲我心者

舊本顏曰針簿嫌其俗也今改為指南廣義非敢求異亦以標新

改正舊本非出臆見必參考羣書方敢增減庶無不根之言

歟噫先生之學可謂精矣先生之處可謂至矣世之學者能
繼厥志而講明之誠所謂度世津梁也乃歷年既久舊板散
失無存而厥書將至於泯滅其猶有板本繕本使予得之竊
知非先生之默爲呵護禆後人勿失所指歸耶則予於厥書
自惓々無能已焉因在閩重使鋟梓帶回以播於世更以夷
俗之文字另述俾便於舵工水梢踈漢字者一覽了然庶乎
先生之遺書遞於百世先生之夙志亘於千秋而余於厥書
亦不虛是一得可告無憾焉耳是爲序

道光四年暮春望後

中山國進貢正使耳目官毛桐德書於三山之柔遠驛

獲有居停之地皆出
至尊柔遠殊恩因篇數寥々不便災梨收入卷末俾後人有徵
焉

著書垂世必有凡例所以明作者之精意也予不過傳
述舊聞而已敢自矜著作乎然費一片苦心不為無意
即以此句言当凡例也奚不可

雪堂主人龍文氏再識

指南廣義目錄

天妃聖母為江海上福星舊紀頗有錯落悉為考正不欲
訛以傳訛致有魯魚亥豕之譏
我國建祠崇祀　天妃歷有年所矣凡遇誕辰併諸節序
及進貢接貢請神登舟往返旁位各有祭々必用祝文茲
為一々增補
開洋下針祝疏舊本繁蕪恐致褻瀆另撰新文使於口宜
四時調攝等六則恐司針者神氣虛怯暴躁輕浮故以此
警戒之正所以廣指南之義非蛇足也舞劍得學書之妙
解牛悟為治之方是在神而明之者
東西二洋等處為我國所不到之地舊本悉有畫圖帙頁
繁多今盡畧之惟自我國至福建一路山形水勢依樣繪
之以備查考
附録等記非志藝文也志建置余初欲另梓使人知使臣

百事吉日
四大吉時
行船通用吉日 附忌日
逐月行船吉日
四時占候風雲
准備緩急物件
潮汐論
月華出時訣
定寅時歌
太陽出没歌
太陰出没歌
定四正四隅之法
正隅對念法

請天妃安享祝文
請天妃登舟祝文
請天妃入廟祝文
天妃誕辰及節序祝文
祭天妃儀注
周公指南地羅二十四位圖
定更数之法
開洋下針祝疏
風信考
逐月暴風日期
許真君傳授龍神行日
出行通用吉日 附忌日
論用往亡日

崇報祠記

指南廣義目録 終

琉球國三十六島圖

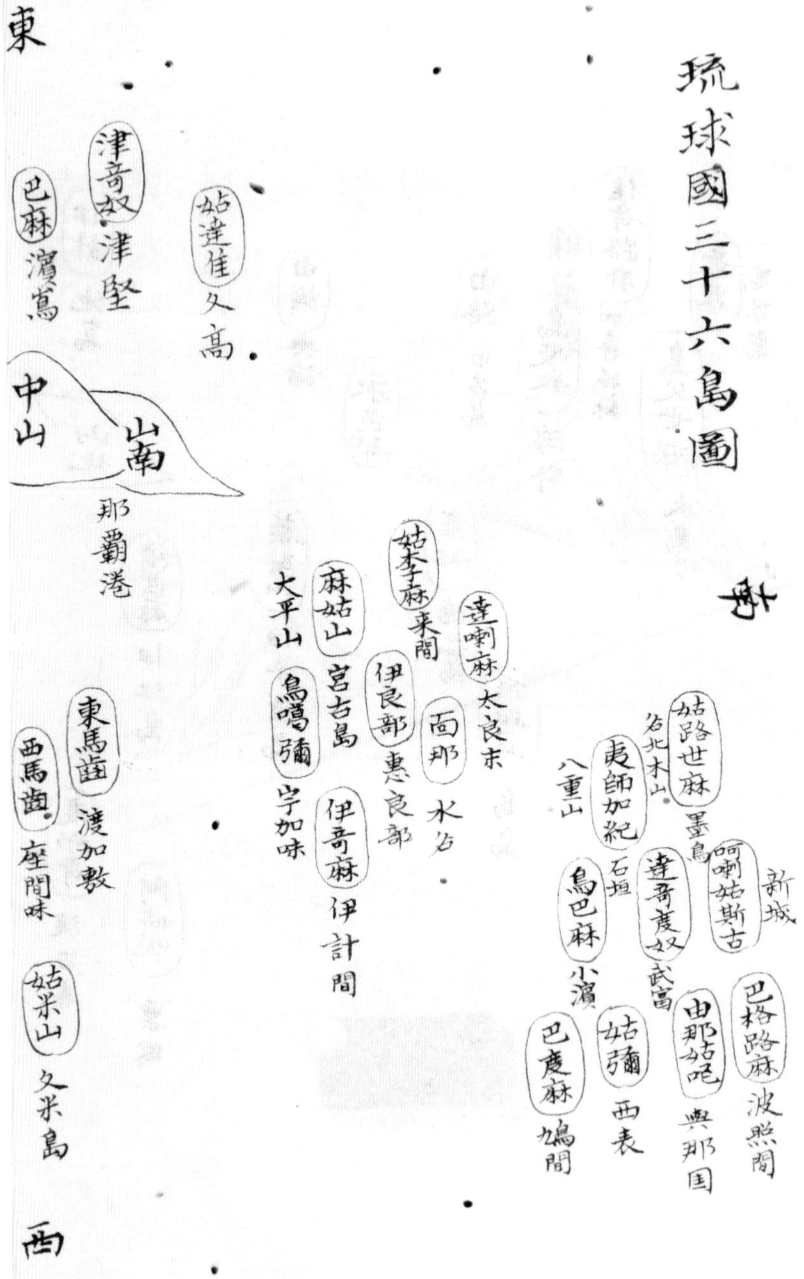

二十四位順念法
觀星圖
四時調攝
飲食雜忌
養心窮理
謹戒戲謔
戒浪飲酒
禁作無益

附録
河口桑遠驛記
重建天妃樓記
上地祠記
祭土地祠祝文

指南廣義海島圖首一

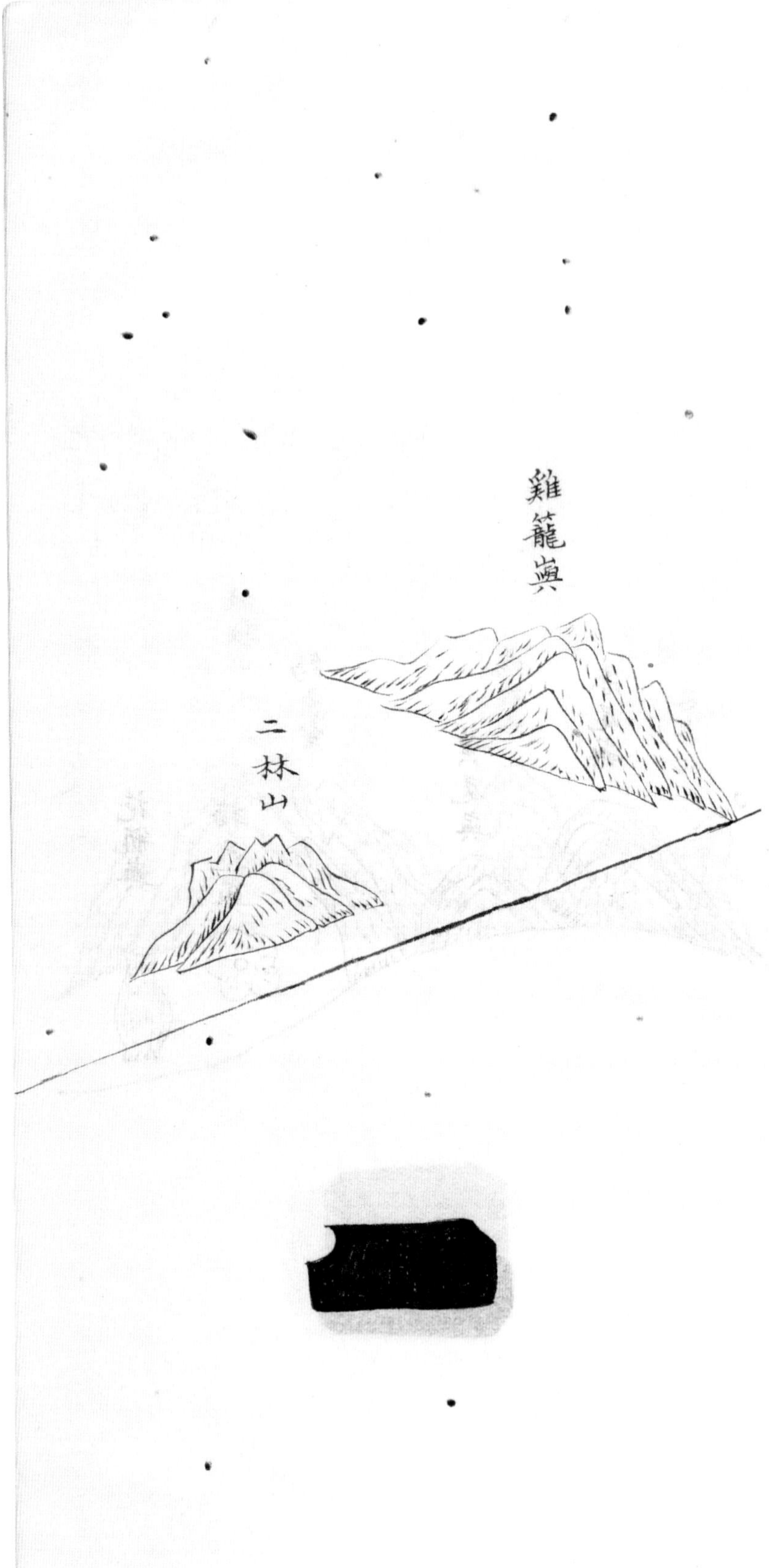

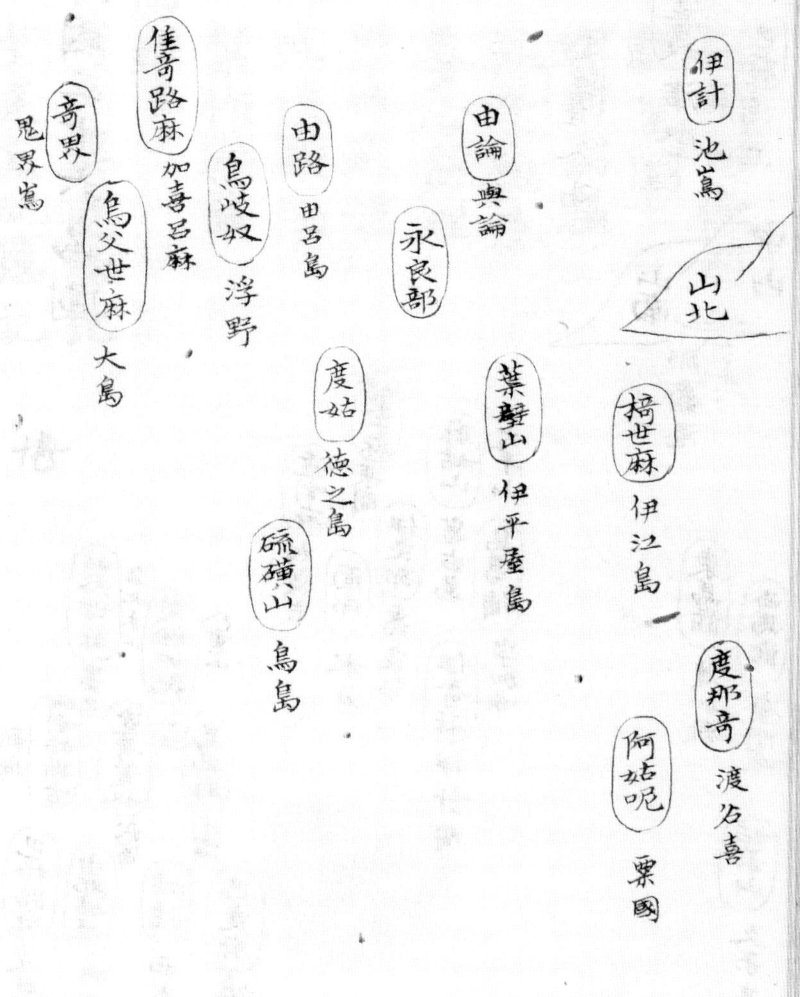
伊計 池嶌
山北
度那奇 渡名喜
椅世麻 伊江島
阿姑呢 粟國
葉壁山 伊平屋島
由論 與論
永良部
度姑 德之島
由路 田呂島
硫磺山 鳥島
烏岐奴 浮野
佳奇路麻 加喜呂麻
烏父世麻 大島
奇界 鬼界嶌

琉球中山
馬齒山
古米山

赤尾嶼
黃尾嶼
釣魚臺
梅花嶼
花瓶嶼

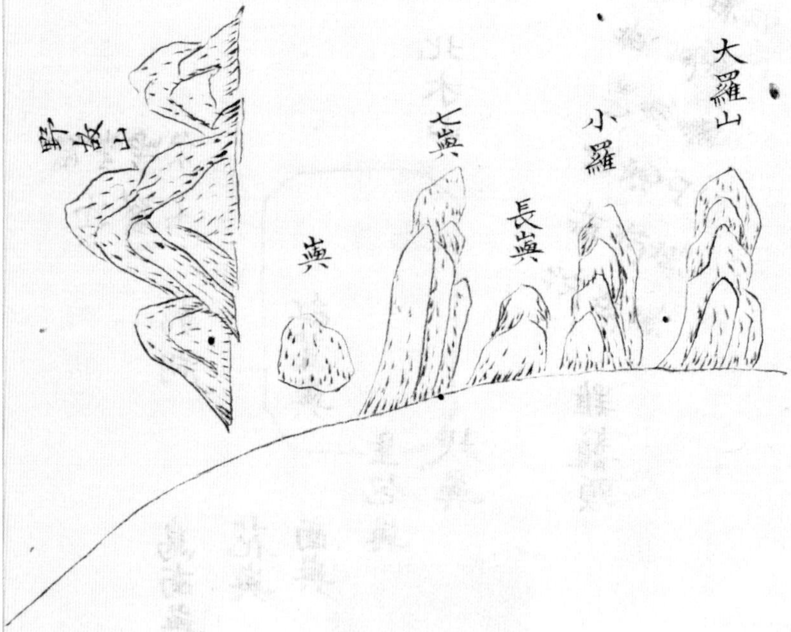
大羅山
小羅
長嶼
七嶼
嶼
野故山

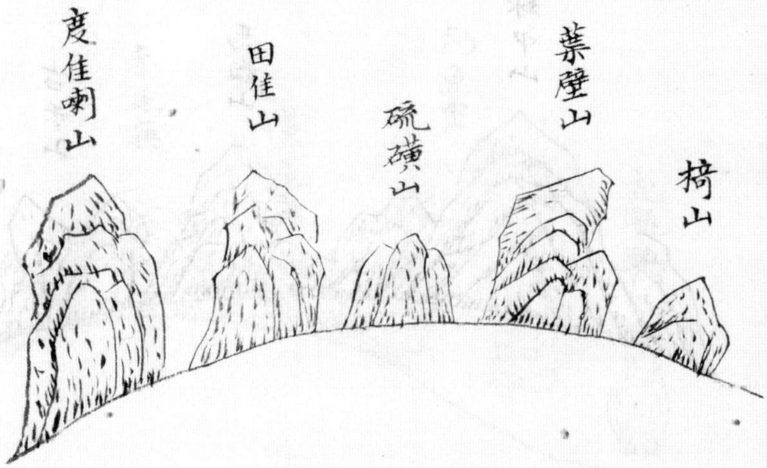

[redacted]

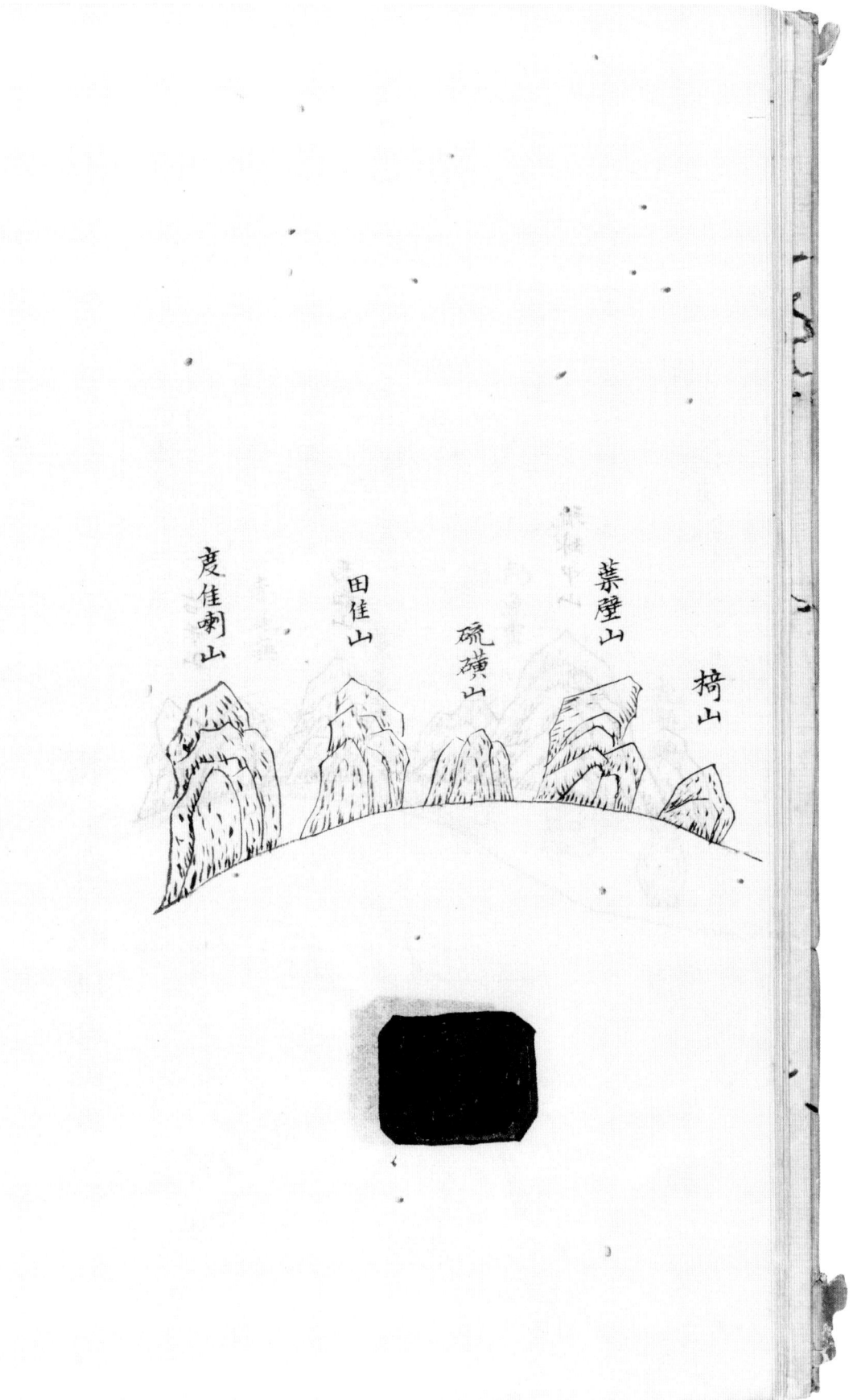

琉球中山

度那奇

安根垉

椅山

葉壁山

硫黄山

田佳山

度佳喇

大羅山

萬煮山

野古山

且伱山

亜浦山

沽度奴

福州五虎門

福寧州

温州

浙江

普陀山

松江

劉家灣

南澚

烏南嶼

大小柑山

彭湖

北馬嶼頭

吉蚊仔

花嶼

大武

紅荳嶼

西嶼

漳州

生包嶼

烏嘴尾

坎嶼

泉州

北木山

南役

雞籠頭

花瓶嶼

梅花嶼

彭家山

釣魚臺

黃尾嶼

赤嶼

古米山

馬齒山

大平山

烏坵

牛山

東沙

硫黄山

田佳山

度佳喇

大羅山

萬煮山

野古山

且你山

亜浦山

沽度奴

温州

浙江

普陀山

松江

劉家湾

沙馬崎頭

打鼓仔

彭湖

紅荳嶼

北木山

大平山

烏南嶼

花嶼

西嶼

生包嶼

坎嶼

南灣

大小柑山

大武

漳州

烏嘴尾

泉州

南役

程順則（名護親方）著

琉球における…

五更釣魚臺北過飏單卯針十更赤洋又單卯並甲卯十二更久米山用單卯兼乙卯至那霸港

回福州 十月十日巳時出那霸港用申針放洋用辛酉針一更半見古米山並姑巳甚麻山用辛酉針四更用辛戌針十二更用乾戌針四更單申五更辛酉十六更見南杞山用坤未針三更取台山打水二十托酉邊有橫礁出水用丁未針三更取里麻山下云霜山用單申針三更收入定海

漳州往琉球 大武開洋用單辰針七更烏坵用艮寅針四更牛山又用艮寅五更東湧山用單辰針如西南風用乙辰針東南風用辰巽針八九更小琉球雞籠嶼外平彭家山如南風用單卯針東南風用乙卯針十更釣魚臺北過南風單卯四更黃麻嶼赤礁北過南風單卯並甲寅針又用艮寅十五更古米山北過南風單卯及甲卯針四更馬齒山甲卯三更收入那霸港口

以上四條封舟針簿抄

琉球往福州 二月古米山開洋用辛戌並辛酉針四十五更取東海

烏加眉　馬齒　美甚馬　南京浅

要是麻山　文市　天堂　五島　天津衛

馬甚　帽　島　馬

禮山　刀　元　崎　重　神　麗　鮮

垃　樓　交　閩　長　希　水　高　朝

針路條記

福州往琉球東沙外開船用單辰針十更取雞籠頭過北花瓶嶼並

彭家山用乙卯並單卯針十更取釣魚臺北過前面黃麻嶼北過用單卯針四更

黃尾嶼北過用甲卯針十更亦尾嶼用乙卯針六更古米嶼北過用單卯針馬齒

山北過用甲卯及甲寅針收入那霸港大吉

又五虎門開船取官塘東獅用辰巽針十五更小琉球頭北過用乙卯針十

五更釣魚臺北過龍單卯針十更赤洋又單卯並甲卯十二更久米山用單卯兼乙卯
至那霸港
回福州　十月十日巳時出那霸港用申針放洋用辛酉針一更半見古
米山並姑巴甚麻山用辛酉針四更用辛戌針十二更用乾戌針四更單申五
更辛酉十六更見南杞山用坤未針三更取台山打水二十托酉邊有橫礁出水用丁未針
三更取里麻山一云霜山用單申針三更收入定海
漳州往琉球　大武開洋用單艮針七更烏坵用艮寅針四更牛山又用艮寅
五更東湧山用單辰針如西南風用乙辰針東南風用辰巽針八九更小琉
球雞籠嶼外平彭家山如南風用單卯針東南風用乙卯針十更釣魚
臺北過南風單卯四更黃麻嶼赤礁北過南風單卯並甲寅針又用艮寅十五更
古米山北過南風單卯及甲卯針四更馬齒山甲卯三更收入那霸港口
以上四條封舟針簿抄
琉球往福州　二月古米山開洋用辛戌並辛酉針四十五更取東海

山為妙

又三月古采山開洋用辛酉針二十七八更看墨魚骨成陣流係是洋心用酉單針一日就見山如不見山海水变綠色又見白色夜間可防近山使開針候至天明觀是什麼山真無差也

又三月古采山開船用辛酉針十五更又用單酉二十更見釣魚臺又單酉針七更取彭家山又用辛酉針取官塘

又成化二十一年九月二十四日午時古采山開洋用庚酉針四更又乾亥針三更又單乾針四更又辛戌針三更又單戌針四更又辛酉針十九更見臺山

又古采山開船東北風用單戌針十更又辛戌針五更又單辛針五更又單酉針十更見水色渾白遠看有山又用庚酉針認是南杞

又十月古采山開洋用乾戌針十更又用辛酉五更又用單針十更又用辛戌五更又用單酉五更見臺山為妙

福州回琉球　梅花及東沙開船若正南風（用乙辰針）十更取小琉球頭便是雞籠山円尖（又用乙辰）五更花瓶嶼並彭家山（又用單乙）七更取釣魚臺（離開流水甚緊單卯北過用乙卯並針）四更鳥嶼（前面）黃毛嶼（北過用單卯針）七更取赤嶼（北過用甲卯針）十五更取古米山（北過用單卯針）三更取馬齒山（用甲卯並甲寅）三更收入那霸港大吉

又東墻山開船南風（用乙辰針直取）小琉球頭（用乙卯針）五更取花瓶嶼並彭家山（用乙辰取）北木山（即八重山島）

又東湧山開船北風（甲卯針取）彭家山若南風（用甲卯並乙卯針取）釣魚臺北風（用甲卯並乙辰針取）大平山（即宮古島）

又釣魚臺開船北風（辰巽針取）北木山尾小琉球頭（又用乙辰針取）沙洲門（又用乙卯針取）大平山大平山開船（用艮寅針直取）那霸港口大吉

以上十條三十六姓所傳針本抄

天妃靈應記

山為妙

又三月古米山開洋用辛酉針二十七八更看墨魚骨成陳流係是洋心用酉單針一日就見山如不見山海水变綠色又見白色夜間可防近山使閒針候至天明觀是

指南廣義

中山程順則寵文原本　中山毛樹德校梓

傳授航海針法本末考

康熙癸亥年　封舟至中山其主掌羅経舵工閩之婆心人也將航海針法一本內畫章星及水勢山形各圖傳授本國舵工併告之曰此本係前朝永樂元年差官鄭和李愷楊敏等前往東西二洋等處開諭各國續因納貢累々恐往返海上針路不定致有差錯及廣詢博採凡關係過洋要訣寸々開載以作舟師準繩令琉球修貢海道須知宜將此卷留心細勘自能用之不窮惟是舊本相沿日久或有傳訛應俟有者参互考訂彙集成書以涉大川不無少補云

按洪武二十五年遣閩人三十六姓至中山內有善操舟者其所傳針本緣年代久遠多殘闕失次今僅採其一二以示

天妃神姓林世居福建興化府莆田縣湄洲嶼五代閩王時都
巡檢林公諱愿之第六女也始生時地变紫有祥光異香少
而神異預知人福々室處幾三十載能乘席渡海乘雲遊島
嶼間宋太宗雍熙四年九月初九日昇化是後常衣朱衣飛
翻海上里人祠之徽宗宣和癸卯年給事中路允廸使高麗
中流震風大作七舟俱溺獨路所乘神降於檣安流以濟使
還奏聞特賜順濟廟號南宋高宗時封靈惠夫人賜廟額曰
靈應紹興己卯年駕風掃海寇及降於白湖掘泉飲疫者即
愈封昭應崇福孝宗乾道己丑年加封善利淳熙間加封靈
惠寧宗慶元戊午年以霧遮大奚寇開禧丙寅年解淮甸圍
莆民艱食米船阻於朔風神反風即至理宗景定辛酉年海
寇羣肆暴慢醉卧廊廡間神縱火焚之又令風沙晝晦跨淺
而敗累封助順顯衛英

廸使高麗中流震風大作七舟但溺獨路給事所乘神降於
檣安流以濟使還奏聞上賜順濟廟號南宋高宗紹興二十
五年春郡大疫神降於白湖掘泉飲疫者即愈郡守奏封崇
福夫人又加封靈惠昭應孝宗淳熙十年以温台勦寇封靈
慈昭應崇善福利光宗紹熙元年救旱進爵靈惠妃寧宗慶
元四年救潦掃大奚寇加封助順開禧元年淮甸退敵加封
顯衛嘉定元年救旱擒賊又加封護國助順嘉應英烈理宗
時以救饑焚強寇累封靈惠助順嘉應英烈協正善慶等號
元以屢護庇漕運累封護國輔聖庇民顯佑廣濟靈感明著
天妃明太祖洪武五年以神功顯靈勅封昭孝純正孚濟感
應聖妃成祖永樂七年加封護國庇民妙靈昭應弘仁普濟
天妃而建廟於都致祭凡奉使外夷航海者必載主舟中每
遇風濤有輒應或蝶或雀或燈火舟人見之則利涉世宗嘉

不忘本之意

天妃靈應紀畧

天妃神姓林世居福建興化府莆田縣湄洲嶼五代閩王時都巡檢林公諱愿字惟慤之第六女也母王氏宋祖建隆元年庚申三月二十三日誕妃於寢室時有祥光異香繞室父母因其生竒甚愛之自始生至弥月不聞啼聲因命名曰默幼而聰頴不類諸女甫八歲從塾師訓讀悉解文義自十歲後常喜淨几焚香誦經旦暮未嘗少懈十三歲時有老道士玄通者授妃玄微秘法妃受之悉悟諸要典十六歲窺井得銅符遂靈通變化驅邪救世且機上救親掛蓆渡江降服二神（順風耳 千里眼）而皈正教屢因顯著神異衆号曰通賢靈女二十八歲道成白日飛昇皆太宗雍熙四年丁亥秋重九日也是後常衣朱衣飛翻海上里人祠之徽宗宣和四年給事中路允

一航取捷隨使其遠遁次日果敵大敗而退至廿六日舍廈
門入臺灣内地海宇自是清寧萬將軍大感神助具本奏保
佑之功
聖上甚喜遣官　勅封護國庇民妙靈昭應弘仁普濟天如香時
（欽差禮部員外郎辛保等賫帛詔誥到湄州加封致祭）二十二年冊封琉球國王正使
翰林院撿討汪諱楫副使内閣中書舍人林諱麟焻等在福
省于六月二十日諭祭天妃于怡山院是時東風正猛不意
行禮甫畢旗幟忽皆北向遂解纜而行二十三日五虎門開
船三晝夜即到馬齒山遥至那覇港迄夫典禮告竣仲冬念
四日開駕而回於中洋風轉狂濤震撼巨浪滔天舟中人皆
顛覆烟竈等　晝香遊波誠萬難獲全之于是肅將　簡命
共籲福妃求佑無恙返節豈為神乞春秋祀典虔禱方穩神
應如響于時束桅鐵箍已斷十三而桅不散繫篷頂繩斷而

嘉靖十三年給事中陳侃行人高澄奉使冊封琉球舟行將至古米山發漏群呼天妃得免於溺歸時又值颶風桅舵俱折求救於神已而紅光燭舟舟果少寧及請筊起舵忽一蝴蝶繞舟復一黄雀立於桅上是夕疾風迅發巨艦飄蕩欹危甚矣二人乃冠服默禱矢以立碑奏聞言訖風若少緩徹曉已見閩山還為請春秋祀典神宗萬曆七年冊封天使蕭崇業謝杰針路舛誤莫知所之旦舵葉失去時禱於神舟得平安三十四年冊使夏子陽王士禎所乘封舟過花瓶嶼無風起浪懇禱得風歸時至中洋遇颶風失舵亦損裂大桅日夜呼救於天妃備極誠禱忽水面現燈異雀再集東風助順一瞬千里無恙歸閩其應也如響

國朝康熙十九年二月十九日福建提督將軍萬諱正色奉

命征剿廈門舟師駐崇武與敵對壘夜夢天妃告之曰吾佑

勅封護國庇民妙靈昭應弘仁普濟天妃曰神秉正氣得坤
之貞湄洲誕降山川鍾靈澤及江海舟楫無驚歷膺
封典福國佐民茲竺（進接）貢將次至閩請享安位卜日啓行陳
祠薦酒来格来歆尚
饗（凡祝文用紙書粘於祝版上臨祭置於酒注卓上讀畢置於案上香爐左祭畢揭而焚之）
請天妃登舟祝文（維康熙起至福国佑民並陳詞薦酒以下皆同）
茲奉國命（進接）貢入閩請駕登舟用保安寧
茲奉聖旨返我王庭請駕登舟用保安寧
請天妃入廟祝文（起結同前）
維茲（進接）貢舟已至閩敬請法駕就位驛庭
茲從閩返已抵東溟就原位敬謝慈仁
天妃誕辰及節序祝文（起結同前）
茲朝天返理合恭迎
正月初四日接

篷不墮桅前之金拴裂踰尺而船不壞有此三異眞可謂神
佑天使歸朝復命具奏神功請春秋記典又本年六月內靖
海將軍侯施諱烺奉命征勦臺灣先是未克澎湖之時千
總劉春夢天妃告之曰二十一日必得澎湖七月可得臺灣
果于二十二日澎湖克捷又是日方進戰之頃平海鄉人入
天妃宮咸見天妃衣袍透濕其左右二神將兩手起泡觀者
如市及報方知是日澎湖得捷卽神靈陰助之功將軍候大
感神力奏請勅封并議加封二十三年八月二十四日奉
旨
神妃已經勅封但依部題差禮部郎中雅虎等賚香帛御祭
文到湄洲致祭答謝神庥

請天妃安享祝文

維康熙幾年歲次干支某月朔越有某日干支琉球國中
山王府某官姓名等敢昭告於

祭酒於紙爐中，記一揖，各復位，飲福酒。

周公指南地羅二十四位圖

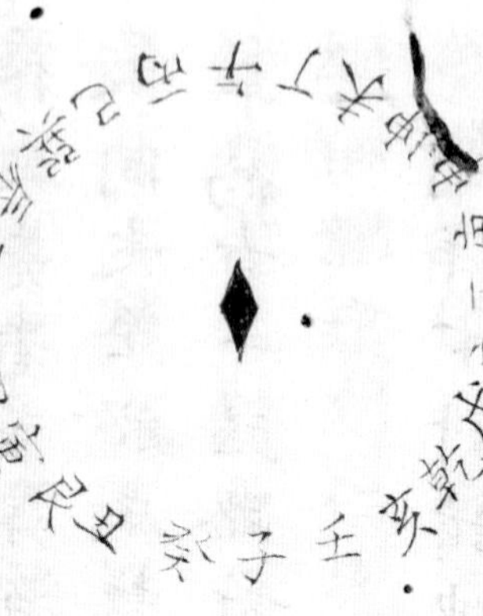

行船都在心　用心細看針
毫釐仰千里　差與失相尋
須記風緊慢　兼知水淺深
心定針亦定　不可睡沉々

古云：行路者有人可問，有徑可尋，有地可止；行船者海水接天，雖有山嶼，莫能認識，全憑周公指南之法，以地羅二十四位為準。故主掌羅經之人，務要晝夜留心細看針路，海道或住或起，記定時月。且行船有高低，風汛有順逆，山形有遠近，水

茲逢上巳祀典修明 三月三日

茲者恭逢神誕應獻賀悦 三月念三日

茲逢午節祝典修明 五月五日

茲逢重九祝典修明 九月九日

茲逢長至祝典修明 冬至日

維茲歲暮駕上天庭陳詞薦酒鑒此悃悦尚饗

臘月二十四日送神上天時用

祭天妃儀注

前期一日濟戒沐浴更衣不飲酒不茹葷不弔喪問疾聽樂凡凶穢之事皆不可預執事者陳器具饌厥明行事（臘月念四日送神正月初四日接神但用昏時）是日預祭大小官員各著冠服盥洗就位上香參神四拜初獻爵讀祝文（祝跪主祭左讀）亞獻爵終獻爵辭神四拜焚祝文並楮錢象皆移身視焚紙班首執爵

央五方報事直符使者年月日時奉直四位功曹乞為轉請
黃帝軒轅氏 製造指南周公大聖 九天玄女 宣封
護國庇民明著天妃聖母娘々 茅竹水仙五位尊神青鴉
白鶴二位仙師 楊救貧王子喬馬頭陀張仲堅李定陳摶
栁仙郭璞列位先生 羅經二十四位尊神 掌針大將下
針力士定針童子轉針郎官 叶石大神 守護羅經坐向
諸神歷代過洋知山知水知嶼知礁知灣知澳知淺知深
牽星望斗看雲探風擊波喝浪一切仙靈魯班先師豎部
將神兵木船木龍檣棋等神 巡海夜叉 海上虛空過往
神明經過島嶼山神土地 本船崇奉香火一切感應神
祇聞香下降俯鑒微忱今琉球國中山王府耳目官姓名正
議大夫姓名帶領大小官員舵工水梢等坐駕本船前至福
建上京進貢擇於康熙某年某月某日吉時就於那覇港口

勢有緊慢必用水鉤打水方知水之浅深逐一加察臨機應
変增减針位更數得正路往来應無差錯放洋之後切不可
貪眠

又云差之毫釐失之千里一悮路頭追悔莫及慎之慎之

定更數之法

凡行船先看風汛急慢將柴片從船頭丢下水面船走柴片與
人同走至船尾趕齊謂之上更探實為驗其更數一更二點
半約有一站路計六十里為凖能曉此法自無差錯須要記
心

開洋下針請神祝䟽

伏以

德自垂麻渡海錫安瀾之慶

神能鑒物憑空納祈禱之文伏此真香蕭先佈告東西南北中

北而南則以北風為常風若反其常則颱颶將作不可行舟
風大而烈者為颶又甚者為颱颶常驟發颱則有漸颶或瞬發
倏止颱則常連日夜或數日而止大約正二三四月發者為
颶五六七八月發者為颱九月則北風初烈或至連月俗稱
為九降風間或有颱則驟至如春颶船有洋中遇颶猶可為
遇颱不可當矣

十月以後北風常作然颱颶無定斯舟人視風隙以往來五六
七八月應屬南風颱將發則北風先至轉而東南又轉而南
又轉而西南始至颱颶俱多帶雨九降則無雨而風

五六七月間風雨俱至舟人視天色有點黑則收帆嚴舵以待之
瞬息之間風雨驟至隨刻卽止若預待少遲則收帆不及而
或至覆舟焉

天邊有斷虹亦颱將至止現一片如船帆者曰破帆稍及半天

開洋下針處備牲醴羅列香燈普請受饗伏望　諸神順風（酒当）
相送點佔潛扶桅船無虞礁石不礙逢凶化吉降福消災
（当初献祐香再請酒々畢　亜献祐香三請三献又祝云）至再々三聊效野芹之献惟
誠惟敬儼然雲漢之臨瞻在前忽在後神丞莫測視不見聽
不聞念可相通（焚紙錢向外云）上有開元通寶字中有麻繩一貫穿
發火將軍来煅煉化作黒龍飛上天（焚畢又云）来当焚香請迎去
当焚香拜送　唱　神恩大海道長上船歡喜莫思量好風
好水要時刻一路平安降吉祥（禮畢）
（如帰国時）改前至福建及那覇港口等字（則云）都通事某人等奉
旨歸國擇於某年月日在福建福州府開船 ○（如接貢帰国時則云）捧
勅歸國 ○（如接貢開船在本国則云）前至福建接回貢使

風信考

清明以後地氣自南而北則以南風為常風霜降以後地氣自

十五日名為真人颶
念三日名為媽祖颶真人颶多風媽祖颶多雨
四月初八日名為佛子颶
五月初五日係大颶旬名為屈原颶
十三日名為關帝颶
六月十二日名為彭祖颶
十八日名為彭祖婆颶
念四日名為洗炊籠颶自十二月起至二十四日止
皆係大颶旬
七月十五日名為鬼颶
八月初一日名為竈君颶
初五日係大颶旬
十五日名為料星颶
九月十六日名為張良颶

如黨尾者曰屈黨出於北方又甚於他方也海水驟变水面多穢如米糠及有海蛇浮遊於水面亦颱將至

十二月二十一日起一日有風應明年正月有大風二日應二月三月以至九月俱接日相應或一日之間風作二次則来年所應之月颱風亦二次焉多次則亦皆如之記而驗之無不應者

一年之月各有颶日驗之多應舟人以為戒避不敢行

正月初四日 名為接神颶

初九日 名為玉皇颶此日有颶各颶皆驗此日無颶則各颶亦多有不驗者

十三日 名為關帝颶

念九日 名為烏狗颶

二月初二日 名為白鬚颶

三月初三日 名為工帝颶

二十八日諸神朝上帝

四月初一日白龍暴　初八日太子暴

念三日大保暴　念五日龍神大白暴

五月初五日屈原暴　十三日關帝誕

念一日龍母暴　念四日雷公誕是暴震准宜防

六月十二日彭祖暴

七月初八日神煞交會

八月十四日伽藍暴　念一日龍神大會

九月初九日重陽暴　念七日冷風暴

十月初五日風信暴　二十日東岳朝天

十一月十四日水仙暴　念九日西岳朝天

十二月念四日掃塵風

右凡遇風起之日不在本日則在前後三日之中舵

十九日名為觀音颶
十月初十日名為水仙王颶
念六日名為翁爹颶
十一月念七日名為普庵颶
十二月念四日名為送神颶
念九日名為火盆颶自二十四日至年終每遇大風名為送年風
再附逐月風暴日期行江湖者宜預避之凡遇箕壁
翼軫四宿主有起風
正月初九日玉皇暴　二十九日龍神會
二月初七日春期暴　二十一日觀音暴
二十九日龍神朝上帝
三月初三日真武暴　初七日閻王暴
十五日真君暴　二十三日天妃誕

宜用甲子乙丑丙寅丁卯戊辰辛未甲戌乙亥己卯甲申己丑

庚寅甲午乙未庚子辛丑壬寅癸卯丁未己酉壬子甲寅

乙卯庚申辛酉壬戌癸亥

曆法有庚子丁丑丙戌丙午癸丑宜滿成開日

忌每月十五日並月忌四離四絶巳日往亡日

逐月出時正二三四五六七八九十十一十二

天翻地覆時亥戌酉申卯午酉辰酉辰未卯

臺時不往返者巳辰卯寅丑子亥戌酉申未午

四煩日　建宜行成宜離寅宜往卯宜歸

四逆日　申不行酉不離七不往八不歸

四離日　春分秋分夏至冬至前一日是也

四絶日　立春立夏立秋立冬前一日是也

月忌日　每月初五十四二十三日

海老人并年高舵師所説附録於此慎毋忽也

許真君傳受龍神行日不可行船主風

正月初三初八十一念五月盡龍會

二月初三初九十二　龍神朝上帝

三月初三初七念七　龍神朝星辰

四月初八十二十七　龍會太白

五月初五十一念九　天帝龍王朝玉皇

六月初九念七　地神龍王朝玉皇

七月初七初九十五念七　神殺交會

八月初三初八念七　龍王大會

九月十一十五十九　龍神朝玉皇

十月初八十五念七　東府君朝玉皇

出行通用吉日 附忌日

月恩　丙丁庚己戊辛壬癸庚乙甲辛

天德黄道　己未酉亥丑卯己未酉亥丑卯

天喜　戊亥子丑寅卯辰巳午未申酉

天恩　甲子乙丑丙寅丁卯戊辰己卯庚辰辛巳壬午

癸未己酉庚戌辛亥壬子癸丑

四大吉日　出行用此

子午卯酉月乾坤艮巽時

辰戌丑未月癸乙丁辛時

寅申巳亥月甲丙庚壬時

此日期在人權变而用之

行船通用吉日　附忌日

宜用甲子丙寅丁卯戊辰己巳丁丑戊寅壬午乙酉辛卯癸巳

甲午乙未庚子辛丑壬寅辛亥丙辰戊午己未辛酉並滿成

往亡日　正寅二巳三申四亥五卯六午七酉八子九辰十未十一戌十二月丑日

論往亡

曜仙曰昔武王伐紂其往亡大史曰凶不可往大公曰我往彼亡有何不可遂行乃克後北魏跋珪有晉劉裕皆效之其識在一時不可常用說見唐大宗李衛公問對○按此言理固然矣益有月往亡氣往亡兩日未詳前賢所用避何往亡日

百事吉日

吉日	月	正	二	三	四	五	六	七	八	九	十	十一	十二
天德		丁	申	壬	辛	亥	甲	癸	寅	丙	乙	巳	庚
天德合		壬	巳	丁	丙	寅	己	戊	亥	辛	庚	申	乙
月德		丙	甲	壬	庚	丙	甲	壬	庚	丙	甲	壬	庚
月德合		辛	己	丁	乙	辛	己	丁	乙	辛	己	丁	乙

受死　戌辰亥巳子午丑未寅申卯酉

招摇　辰卯寅丑子亥戌酉申未午巳

殃敗　卯寅丑子亥戌酉申未午巳辰

九空　辰丑戌未卯子酉午寅亥申巳

天罡絢絞　巳子未寅酉辰亥午丑申卯戌

河魁絢絞　亥午丑申卯戌巳子未寅酉辰

交龍　未申戌申戌丑辰未辰申子巳

水隔　戌申午辰寅子戌申午辰寅子

危日　酉戌亥子丑寅卯辰巳午未申

四激　丑　戌　辰　未

八風　丁丑己酉甲申甲辰　辛未丁丑甲寅甲戌

正四廢　庚申辛酉　壬子癸亥　甲寅乙卯　丙午丁巳

凶時日　子丑寅卯辰巳午未申酉戌亥

開日癸卯日◯必先擇吉日裝載又擇吉日行船◯俗忌九日不行船若先日移船不必忌

一忌滅殁日　弦虛　晦婁　朔角　望亢　虛鬼　盈牛

凶日年	子	丑	寅	卯	辰	巳	午	未	申	酉	戌	亥
風波即年建	子	丑	寅	卯	辰	巳	午	未	申	酉	戌	亥
河泊	亥	子	丑	寅	卯	辰	巳	午	未	申	酉	戌
凶日月	正	二	三	四	五	六	七	八	九	十	十一	十二
白浪即月建	寅	卯	辰	巳	午	未	申	酉	戌	亥	子	丑
覆舟即月破	申	酉	戌	亥	子	丑	寅	卯	辰	巳	午	未
咸池	卯	子	酉	午	卯	子	酉	午	卯	子	酉	午
天賊	辰	酉	寅	未	子	巳	戌	卯	申	丑	午	亥
地賊	子	子	亥	戌	酉	午	午	午	巳	辰	卯	子
荒蕪	巳	酉	丑	申	子	辰	亥	卯	未	寅	午	戌

二月己巳辛亥己亥辛未己未乙未丁未
三月甲子丁卯己巳庚子　外壬子
四月丁卯辛卯辛酉
五月戊辰乙未丙辰己未　外辛未
六月丁卯辛未辛酉
七月甲子乙未庚子己未　外壬子
八月丙寅己巳丁丑戊寅辛亥
　外乙丑甲戌乙亥庚寅
九月甲子庚子辛酉　外丙午
十月丁卯辛卯辛酉　外丁酉
十一月戊辰丁丑丙辰辛亥外乙丑
十二月丙寅丁卯戊寅庚寅癸卯辛卯乙卯
右吉日不犯建破絇絞天賊地賊荒受死白浪張宿觸水

大悪時　子丑寅卯辰巳午未申酉戌亥

海角経　氐尾箕斗危壁婁胃昴畢張星

軫亢大吉室牛房参井亢小吉

張宿　丙子癸未戊戌癸丑乙卯

觸水龍　丙子癸未癸丑

江河離　壬申癸酉

河伯死　庚辰日

子胥死　壬辰日

九土鬼　乙酉癸巳辛丑庚戌丁巳甲午壬寅己酉戊午

水痕忌　大月初一初七十一十七念三卅日

小月初三初七十二念六　忌造船行船

逐月行船吉日

正月壬午辛亥　外辛巳

日南風必還一日北風報答也二說俱應

諺云南風尾北風頭言南風愈吹急北風初起便大　春風夏北有風必雨冬天南風三兩日必有雪

春夏二季常有風暴若遇天氣濕熱悶人其日午後或雲起或雷聲所起之方必有暴風急雨行船須要岙避安頓

秋冬二季雖無風暴每日行船先觀四方天色明淨五更初解纜至辰時以來天色不變雖有微風毋論順與不順行船不妨

雲頭從東起必有東風從西起必有西風南北亦然如前面雲頭已過後面雲腳不盡則是風未止如雲起處天色明白後更無雲則風漸止矣

雲片片相逐聚散不常天色昏參鳶鳥高飛雲腳黃日色亦昏主大風

水龍成池交龍四激招搖殃敗九空正四廢九土鬼轉殺
水隔江河離河伯子昏死日危日八風水痕忌

一 四時占候風雲

凡春多風夏必多雨諺云行得春風有夏雨風單日起單日止雙日起雙日止

古云西南轉西北搓繩來絆屋又云半夜五更西天明拔樹根又云日晚風和明朝再多又云惡風盡日沒又云日出三竿不急便寬大凡風日出之時必略靜謂之風讓日大抵風自日内起者必善夜起者必毒日内息者亦和夜半息者必大凍已上言冬

諺云東北風雨大公言艮方風雨卒難得晴俗名牛筋風雨指丑位故也

諺云春風踏脚報言易轉方如人傳報不停脚也一云既吹一

雖不知風起倉卒之間措手不及

准備緩急物件

船上合用物件如帆幔桅柁之類須要完備稍有損壞預先修整繩纜椿橛鐵錨竹篙等物寧可有餘不可缺少臨期要用急無買處隨船准備大斧折鑽鋸鑿犀斗大小鐵釘油灰舊麻破絮之類仍縛火把三五十個准備緩急之用

潮汐論

嘗觀海潮進退大小之說而不得其詳及讀邵康節經世書有曰海潮者月之喘息也所以應月者從其類也夫坎為月水之氣宿焉取之以明鑑而水即生則海潮非應月而何月行於天一日行十三度有奇晝夜之間近日遠日之不同三旬之中生明生魄之不一然而月之始出而潮始長至天中而潮已退月之始入而潮始長至地中而潮已退進退之節皆

雲行急星動搖日月昏暈太白晝見人首頰熱燈火焰明作
声皆主大風
如遇順風使帆之時風烈顛猛便須放減帆慢投小港汊稍
泊不得貪程恐風勢不正天色昏暮迤邐前行不知宿泊
多有疎失不可不知
如遇順風正使帆之間忽轉打頭風便当使回尋港汊停泊
為穩不可当江抵岸指望風息恐致悞事
如纜急卒遇暴風奔港不及之時急搶工風多抛鐵錨牢繫
繩纜如重載船頻頻點水看水倉恐有客水侵入如小船
則看風勢何如別尋泊處
如春夏间船泊港汊内須要多用壯纜深打樁橛早晚恐有
山水發洪衝解之患
如秋冬间行船当江泊船夜间勤起看風加添繩纜恐有貪

五月日高三丈地　十月十二四更二
十一繞到四更初　便是寅時君切記

定大陽出沒歌

正九出乙入庚方　二八出卯入雞場
三七出甲從辛沒　四六出寅入戍藏
五月出艮入乾位　十一出巽入坤鄉
惟有十月十二月　出辰入申仔細詳

定大陰出沒歌

正九出甲入於辛　二八出卯入雞鄰
三七出乙沒庚位　四六出辰沒在申
五月出巽入坤位　十一出艮入乾真
惟有十月十二月　出寅入戍正可陳

定四正四隅之法

應乎月之出入若夫月之朔魄滿明中而潮愈大至上弦而潮退小矣小大之節皆應弦望晦朔也至秋八月之望日陰氣壯盛潮之長倍於常時益見金用事金能生水理固然也知此可與論造化之妙矣

定太陰月華出時例訣

三辰五巳八午升 初十出未十三申
十五酉時十八戌 二十亥上記其神
二十三日子時出 二十六日丑時行
二十八日寅時立 三十加來卯上輪
出茶齊正斜角沒 萬載千年月是眞

定寅時歌

正九五更二點徹 二八五更四點歇
三七平光是寅時 四六日出寅無別

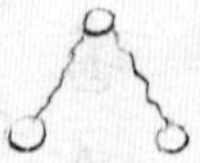

華蓋出丑入壬

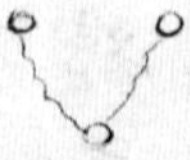

北辰

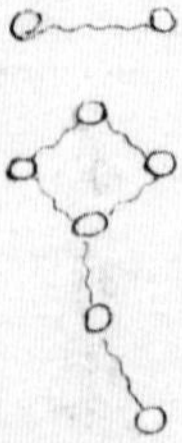

燈籠骨出丙入丁

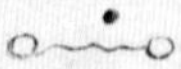

水平星出丙己入丁未

四時調攝

百陵學士曰飲食有節脾土不泄調息寡言肺金自全動靜以敬心火自定寵辱不驚肝木以寧恬然無慾腎水自足 心屬火肺金肝木脾土腎水此五行之所屬也 心欲若鹹多

北方壬子癸　南方丙午丁　東方甲卯乙
西方庚酉辛　東北丑艮寅　西南未坤申
西北戌乾亥　東南辰巽巳

正隅對向念法

子午卯酉　寅申巳亥　辰戌丑未
坤艮乾巽　申庚壬丙　乙辛癸丁

有二十四位順念法

壬子癸丑艮寅甲卯乙辰巽巳丙午丁未坤申庚酉辛戌乾亥

觀星圖

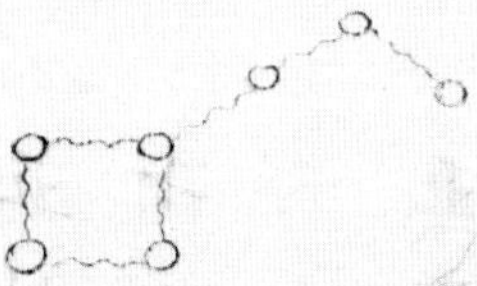

北斗出癸丑入壬亥

人之一身在皮為汗在肉為血在腎為精在鼻為涕在眼為淚出則皆不可回惟在口為津獨可還元人能終日不唾則津液不泄面目有光古云多唾損神遠唾損氣宜隨滿隨嚥自然四體不枯

語云髮是血之餘也一朝百度梳足是人之底一夜一回洗多言損氣多笑傷臟多記傷心卯酒酉飯宜少食 食畢漱口牙齒不敗食飽宜散步強食脾勞強飲胃脹 伏熱莫飲水衝寒莫飲湯熱飲傷胃冷食傷肺 盛暑浴冷水多成傷寒 宿水上有五色者有毒不可洗手 暑月遠行忌水濯足 饑忌浴飽忌沐 酒醉不可房臥 醉眠当風處主病 大熱大寒大風雨震雷濃霧之時忌出门及行房本命日及日月薄蝕庚申甲子朔望弦晦四時二社二至二分並忌房事

傷心　肺欲辛苦多傷肺　脾欲甘酸多傷脾　肝欲酸辛
多傷肝腎欲鹹甘多傷腎　此五味之所宜忌也
春三月萬物發生肝旺脾弱宜減酸增甘以養脾夜臥早起節
飲食慎風寒頻頻行步以知四肢
夏三月伏陰在內心旺肺弱宜減苦增辛以養肺不可恣慾久
臥不可過飡生冷秋至多生瘧痢
秋三月天氣消鑠肺旺脾弱宜減辛增酸以養肝使神氣收斂
不可落水洗澡
冬三月血氣凝塞腎旺心弱宜減鹹增苦以養心經云冬不藏
精春必病濕
萬物惟人為最貴百歲光陰如旅寄自非留意修養之未免疾
苦為身累春寒莫使棉衣薄夏衣汗多頻換着秋冬衣服漸
加添莫待病生纔服藥

銅器錫瓶盛酒過夜忌食　食不厭精飲不厭温

食物養人亦能害人一有不慎是因口腹反致傷生故毋論船工家中皆宜物々加察不可忽略

養心窮理

以言識人取禍之端惟存心皆天理々存氣和即人有過自能容之矣何識之有故人貴乎養心

口舌傷人風波易起況同舟共濟之人乎司針者能與衆和同合心爲酌自然所向無虞

謹戒戲謔

戲謔非正也每見世人尚力鬬智以爲戲至於忿爭而不止者可乎詩曰善戲謔兮不爲虐兮人固不免於戲書曰不矜細行終累大德可以爲虐乎

謔之不善不如勿謔司針在船看針不暇何心於戲況能

省心法言云避色如避仇避風如避箭身閒不如心閒藥補不如食補

此平日調養法也知此則精神建旺看針時自無昏憒之患矣

飲食雜忌

凡生肉墜地不粘塵及煮難熟者忌食・黑牛白頭獨肝者忌食白羊黑頭黑羊白頭及獨角六角豬羊心肝有孔者皆有毒 禽畜肝青者忌食白雞黑頭黑雞白首鴨目白者雞有四距六趾者皆有毒 卵有八字鳥死不伸足者有毒蝦無鬚及腹下黑者忌食豬肉及鯉魚病新愈者忌食豬頭豬嘴小腸風疾者忌食 醉後飲水失声 吐後飲水成消渴 醉後洗水成手顫 飲酒過度能腐腸爛胃潰髓蒸肌傷神損壽 酒後食紅柿心痛 飲白酒忌食甜物

右六條並以警戒舟人亦可為作客者之藥石幸勿以為
迂腐而忽諸

附録

中山程則羅文原本　中山毛樹德校梓

河口柔遠驛記

驛設於福建省城水關外瓊河之口所以貯
貢物停使節也旧制四圍砌墻門臨大街設照墻本柵官廳在
兩井中間兩廂樓屋各十三間
天妃土地各有祠規模弘敞自靖藩調閩後前面侵為兩鎮
營房地遂促及甲寅之变折毀幾盡僅存官廳一所歳丁
已我國遣官遠接適聞
奉命大將軍和碩康親王統

致忿爭戒之為是

戒浪飲酒

祭享養老燕賓皆不廢酒惟過酒則乱性失義必至敗德爛腸腐胃未免傷生所謂狂藥非佳味者寔惡之宜也大凡飲酒只可微醺慎勿以無量為詞人非聖人能不及於乱乎飲酒大醉如病狂喪心航海地危看針重而可況酒不省乎切宜禁止

禁作無益

無益之事不可為也書曰勿作無益害有益如擊籠養鳥博奕貪杯及淫声美色皆能壞人心志有一於此而不損德敗名者未之有也

此亦平日勵行之切也司針者念之在針不為他事所擾自然心志凝一矣

夫曾公燮蔡公鐸以我國往来海上舟楫無虞皆荷
天妃萬庇今古驛樓居鱗々而舊祠數椽草々瀆且褻殊非
報本意僉議来貢諸員捐積數年重建樓臺於舊祠之次
以妥神靈計四貢而所積足用至癸酉歲大夫王公可法
至閩方董其事不日成之梓材丹雘煥然可觀傳譯通官
馮斌發心粧塑新像併舊者均祀於其上移土地崇報兩
祠仍祀左右從此仰見姓名捐數可按者題日月年代有
稽
九重建置之恩真堪萬古而五公倡率之德亦足千秋矣余恐
規制久而無徵是為之記

重建天妃樓記

蓋聞神之德感人者深故人之心敬神者至建祠者敬之
至也然非有以感之敬何由生苦

禁旅入仙霞民皆按堵越明年奉

貢如舊時

諸当事以館驛傾圮恐褻

貢典兼檄使臣露宿特委郡司馬蘇公重新起蓋大門儀門併兩邊廂樓各十一間儀門外視館公署一座廳後

天妃祠堂三小間虽建置不異於初然非曩日舊址矣辛未年予接貢雷壟因思有土居人不可無神以守之有臣死事不可無位以安之即於天妃祠傍左祀土地正神右立故臣本主各為文以記之壬申颶風大作廂樓倒塌墻垣崩頹復請於

當事委官重造廂樓各十間垣墉修築之績因進貢兩船人多屋少自蓋樓屋四小間於廳西之側至於崇祀

天妃大樓乃前者進貢耳目官魏公應伯毛公起龍正議大

而泉湧亦隨地建祠而神臨無二理也問者唯唯而退余乃為之記

桑遠驛土地祠記

嘗考一王代興封川嶽諸神而土地班秩在城隍下豈以城隍固疆圉土地司福德同以土功而定位歟然城隍唯省會郡邑有之而土地則天下文武大小衙門皆有祠以至菴堂寺觀亦靡不祀殆分司土德以佐城隍之不逮者也今桑遠驛奉
旨設立以貯貢物以棲使臣制綦隆矣獨於土地缺其祀典余竊疑之詢諸父老皆云昔亦有祠自鼎革之後施羅兵燹驛亭鞠為茂草而祠遂廢余耳而悲之夫金殿動禾黍之嗟銅駝興荊棘之感何況一祠能保其不替乎但盛衰虽關氣數而興廢實由人事今四海晏河清百堵皆作而古

天妃之德則其感人也深矣每於江河湖海間扶持舟楫屢
顯靈異不獨山陬海澨僻壤窮鄉皆崇祀焉即三尺童子
亦靡不聞其名而嘖嘖稱道之況我中山世膺
封典屆期奉貢悉從飛濤急浪中來賴神之庇不一而足茲於
棻遠驛立祠祀之謂非敬之至者歟惟昔若驛之有祠也
草草數椽僅蔽風雨及耳目官魏應伯毛起龍正議大夫
曾益蔡鐸相繼至閩始以祠宇湫隘不足以荅神庥僉議
捐積重建以光祀典計十四貢積可足用歲癸酉大夫王可
法來董其事命匠氏即於堂後舊地起蓋大樓一座既高
其梁棟復塗以丹雘落成日奉新舊塑像於其上自茲以
往廟貌聿新爐烟遥起湄洲靈爽儼然如在神之德有不
於此而著人之心有不於此而安者乎或者曰神無異也
子之國有祠矣此又何以祠為予曰神猶泉也隨處掘地

饗凡遇節序照天妃視文廟行禮儀注並同

柔遠驛崇報祠記

祠之為義大矣哉弗合於義不敢建也其義維何有學術品節者祀之祠曰鄉賢有官斯土而行善政者祀之祠曰名官此二者皆俎豆宮墻百世不祧者也外如禦災捍患効命宣猷所稱有功德者立祀之厥祠名為崇報非是則謂之淫祠淫祠必廢余兩至閩中竊聞斯義矣今琉球國遠在海外自明初始通中華至

國朝受恩尤厚其間往來貢獻諸臣或沒于閩或殞于中途者其人與骨俱朽而姓氏官爵及今猶可考而知也余奉使番邊時届中元於柔遠驛致祭死事諸靈覺陰風四起空中隱隱有聲於以知幽明本無異理惜無專祠妥有僅望空一拜不能不惻然有動於中耳夫梯航萬里客死

驛正神忍令其不祀也人其謂吾儕何矣請於耳目官溫公允傑正議大夫金公元達併翁之諸僚友僉議暫祀於

天妃宮之傍各捐貲塑像立龕余竊喜自茲以往此土此地有神主之矣若夫高其樑棟潔其俎豆以復曩日之盛也是所望於後來之君子焉時康熙辛未孟夏朔日

祝文附

維

康熙幾拾年歲次干支二月朔越有二日干支琉球國中山王府耳目官姓名正議大夫姓名敬率僚屬敢昭告於

桑遠驛福德正神曰緊我正神古驛之靈驛存貢物居停使臣賴庥庇安土寧人茲還

神誕俎豆香馨儼然來格

鑒此悃忱尚饗

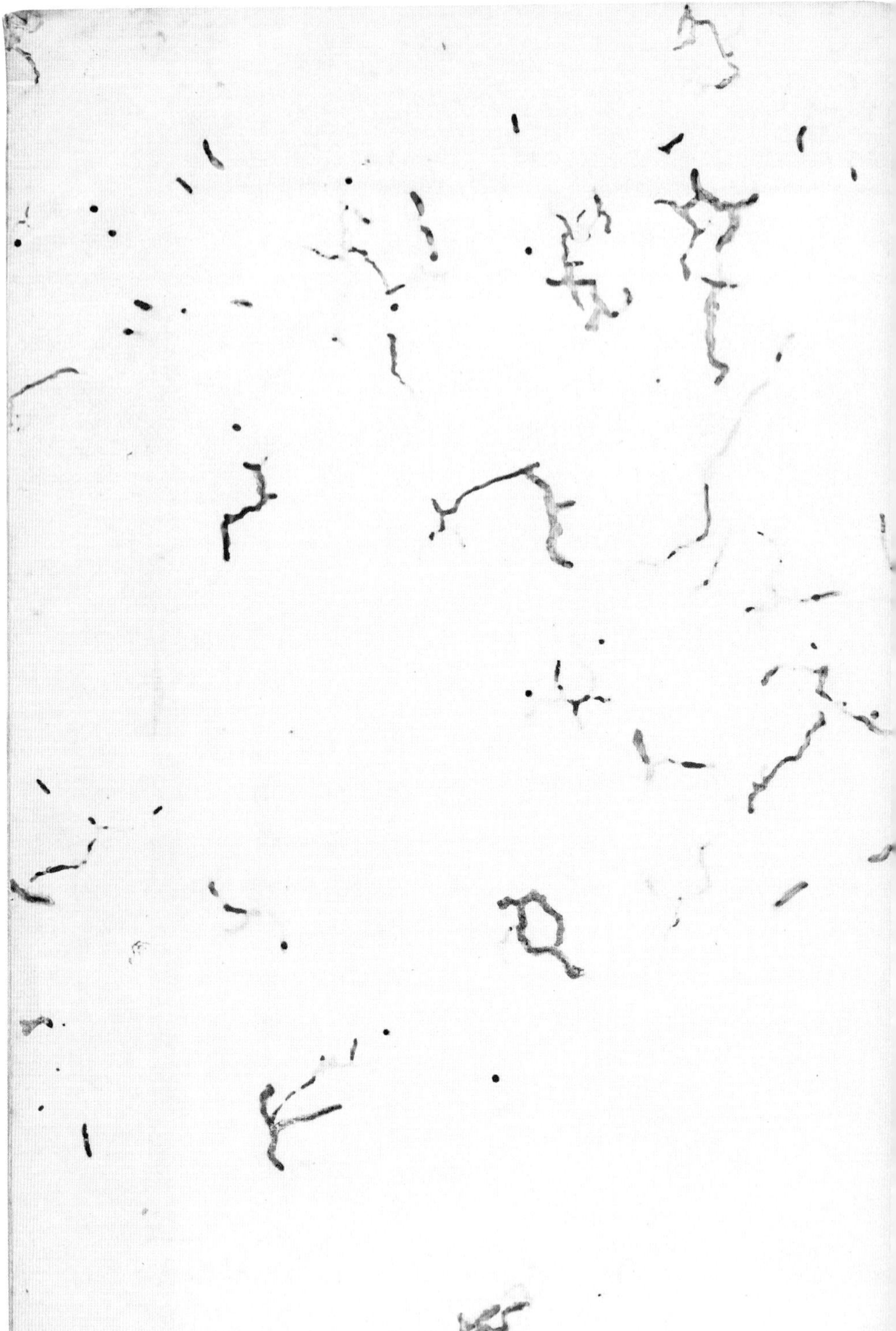

異鄉

聖天子猶且憐而賜之塋乃不得尺地立祠以享蒸嘗之報九

原有知能無惘乎是亦予輩之過也時耳目官正議大夫

豈諸僚友咸以余言為然且以此祠有[illegible]於崇報之義舉

而立之也固宜奈一時弗及創建僉議暫祀於

天妃宮之側俾後之奉貢入閩者瞻几筵而生悽愴之念起

而大之是未可知也予故揭其義而為之記時康熙辛未

孟夏望日

卷終

附录一
资料一览表

日本藏明清时期中日贸易相关民俗资料一览表

中文译名	日文原名（『』= 书名号或原题，「」= 认定名称）	各藏馆资料编号	年代	材质、尺寸
Ⅰ. 国立历史民俗博物馆所藏资料				
1. 南京船图	「南京船図」	H–19–2	文政五年（1822 年）	日本纸（楮纸）・挂轴画 高 171.0cm × 宽 44.4cm
2. 唐船辐凑图	「唐船輻湊図」	H–243–29	江户时代（清代中期）	日本纸（楮纸）・挂轴画 高 18.0cm × 宽 50.1 cm
3. 册封使船送迎之图	「冊封使船送迎之図」	H–621	推测为文化五年（1808 年）或天保九年（1838 年）	日本纸（楮纸）・挂轴画 高 76.5cm × 宽 131.5cm
4.《彩舟流唐船图》	『綵舟流唐船図』	H–24–2	天保十五年（1844 年）	日本纸（楮纸）・单张画 长 31.0cm × 宽 22.3 cm
5.《唐人屋敷景》	『唐人屋敷景』	H–25	江户时代（清代中期）	日本纸（楮纸）・单张画 长 60.7cm × 宽 43.3cm
6. 唐馆内贸易图	「唐館内貿易図」	H–265	江户时代（清代中期）	日本纸（楮纸）・卷子本（卷轴） 尺寸暂缺
7. 丝印 (14 件)	糸印 (14 点)	H–243–19	江户时代 （清代前—中期）	金属 长、宽、高平均约为 3.0cm
8. 西村贞旧藏玻璃干板舞龙图	「天后宫　唐人蛇踊図」	H–1838–7–9	昭和元年（1926 年）	玻璃干板

续表

中文译名	日文原名（『』=书名号或原题，「」=认定名称）	各藏馆资料编号	年代	材质、尺寸
9.《唐人蛇跃图》	『唐人蛇躍図』	H–1713	江户时代（清代中期）	日本纸（楮纸）·单张画 长 32.7cm × 宽 22.2cm
10.《大清人蛇踊之图》	『大清人蛇踊之図』	F–303–390–15	明治六年（1873 年）	日本纸（楮纸）·单张画 长 44.0cm × 宽 34.0cm
Ⅱ. 早稻田大学图书馆所藏资料				
1. 长崎港南京贸易绘图	「長崎港南京貿易絵図」	ネ 03 03827	江户时代（清代中期）	日本纸（楮纸）·卷子本（卷轴） 高 29.1cm × 长 517.3cm
2. 观音佛祖、镇宅平安符	「観音仏祖、鎮宅平安符」	ニ 16 02272 0090	六件资料均采集于昭和十一年（1936 年）以前，推测为大正时期到昭和初期所制	纸·单张 长 20.0cm × 宽 5.5cm
3. 内天后宫天上圣母镇宅平安符	「内天后宮 天上聖母鎮宅平安符」	ニ 16 02272 0087		纸·单张·木版印刷 长 27.0cm × 宽 7.3cm
4. 大天后宫天上圣母镇宅平安符	「大天后宮 天上聖母鎮宅平安符」	ニ 16 02272 0076		纸·单张·木版印刷 长 32.0cm × 宽 16.0cm
5. 鹿港旧祖宫天上圣母镇宅平安符	「鹿港旧祖宮　天上聖母鎮宅平安符」	ニ 16 02272 0082		纸·单张·木版印刷 长 23.0cm × 宽 7.5cm
6. 三圣帝君镇宅符	「三聖帝君鎮宅符」	ニ 16_02272_0093		纸·单张·木版印刷 长 22.0cm × 宽 6.3cm
7. 大天后宫	「大天后宮」	ニ 16 02272 0053		纸·单张·木版印刷 长 31.0cm × 宽 16.0cm
8.《天后娘娘》	『天后娘娘』	文库 19 D0026	推测为大正时期到昭和初期所制	纸·单张·木版印刷 长 46.5cm × 宽 44.5cm
Ⅲ. 国立公文图书馆所藏资料				
1.《增补华夷通商考》五卷	『增補華夷通商考』五卷	184–0276	宝永五年（1708 年）	日本纸（楮纸）·线装册 长 16.0cm × 宽 14.4cm
2.《长崎土产》	『長崎土産』	176–0107	弘化四年（1847 年）	日本纸（楮纸）·线装册 长 23.8cm × 宽 16.0cm
3.《唐船漂着记》	『唐船漂著記』	185–0233	明和五年（1768 年）	日本纸（楮纸）·线装册 长 27.2cm × 宽 20.0cm

续表

中文译名	日文原名（『』= 书名号或原题，「」= 认定名称）	各藏馆资料编号	年代	材质、尺寸
4.《宽政丙辰唐船漂着记》	『寛政丙辰唐船漂著記』	185–0232	宽政八年（1796 年）	日本纸（楮纸）· 线装册 长 28.0cm × 宽 20.0cm
5. 长崎来航唐船海士菩萨帜（《文政杂记》）	「長崎来航唐船海士菩薩幟」（『文政雑記』）	150–0142	文政十一年（1828 年）	日本纸（楮纸）· 线装册 长 23.8cm × 宽 17.0cm
IV. 东京大学驹场图书馆所藏资料				
《指南广义》	『指南広義』	大日本海志編纂资料 请求记号：6:0:11 资料番号：3013542471	康熙四十七年（1708 年）中国琼河柔远驿刊本写本（仲原善忠文库）	纸 · 线装册 1 册 58 张 长 26.2cm × 宽 18.8cm

附录二
基于中国在日相关资料进行民俗研究的可能性
——聚焦明清访日海商相关记录

一、关于在外资料的诸问题

在研究一国的历史和文化时，以纸、木、竹、石为载体的国内的文献和绘画往往是最重要的资料。如果把考察的时间段扩大到文字尚未诞生的史前时代，对出土资料进行的考古学研究便凸显出重要价值，甚至还要考虑到一些重要资料存在于海外的情况。

例如中国史书《三国志·魏书》卷三十“乌丸鲜卑东夷传”中记录了公元3世纪日本的情况，虽然其正确性存疑，但作为文献记录和日本史前时代的重要学术资料，仍然运用于考古学研究中。

在人文科学中，民俗学以民间习俗、生产生活、地域社会以及信仰为主要研究对象。民间习俗存在于包括史前时代在内的各个时代，探寻每个时代的民俗以及人们的生活状态，是民俗学重要的研究课题。但狭义的民俗学往往聚焦于现代生活的实态和特质，对那些难以用文字呈现的民众文化，以田野调查的形式搜集资料并进行分析。这样做的目的是通过重视来自过往的传承来理解现代。

在这一点上，民俗学与通过田野调查，将现代的诸事项资料化，并进行分析的社会学和人类学相类似。而在重视与过去的关联性上，它又与历史学有联系。民俗学中的故事、传说等民间文学和各地区的音乐、舞蹈、戏剧等艺术门类在文化研究中占有重要地位。这些地方性的民众文化，在日本和中国台湾地区被称为

“无形文化”，在中国大陆被称为“非物质文化”，都强调其文化方面的价值，而与之相关的“无形文化财”“非物质文化遗产”“intangible heritage”等专有名词也在各国确定下来。这些民俗文化成了各国的标签，特别是21世纪以来，在提升国家形象、形成观光资源方面起了很大的助推作用。各国都对民俗文化竞相宣传、保护和培育。

本文暂且不讨论民俗在现代风起云涌的各种状况，而是对保存于海外的文献、绘画等有形资料（遗物与出土资料）在民俗学上的运用进行探讨，以寻求民俗研究的新的可能性。为此，举出在日本的部分中国相关资料进行讨论。

在进入正题之前，我们必须对海外资料的分类做以说明。海外资料大体而言可以分为三类：

A. 外国人到本国进行探险、旅行，或是以贸易为目的的造访，从而对本国的习俗等进行文字和绘画记录的资料。

B. 以探险、旅行或者贸易为目的出访外国的人，他们被外国政府以管理的名义进行调查询问，记录下的本国习俗，或是外国民间人士因好奇、兴趣等记录的资料。

C. 原本存于本国的文物，在某个时期流向外国，被外国的个人、单位、国家所占有的资料。

以上三类中，在现代往往成为国际问题的是C类的部分资料，它们常以战争的战利品、掠夺品，或者偷盗的形式被带到海外，卖给博物馆、美术馆，并为这些机构所收藏。

如果将C类资料进一步细分，可以分为以下两类：

C1. 由于跨国贸易造访外国的商人或者旅行者，以购买美术品、书籍等形式（至少在当时是）合法出境的资料。

C2. 通过战争等方式以战利品的形式掠夺至国外，或是在战争或内乱状况下由本国人卖到国外的资料。

无论是C1还是C2，都是由本国流向外国的资料，日语称为“海外流出资料”，或者用最新的名称“在外日本资料”来概括，它们都是本国历史研究以及文学、美术等文化研究的对象。

日本把目光投向海外资料，进行收集、研究，在国家层面上最早是20世纪80年代，由国立国文学研究资料馆进行的。他们调查了欧美的美术馆和大学所收藏的日本文学书籍和画卷，以照片的形式记录下来，作为日本文学的新资料介绍回日本，并着手研究。在2000年以后，笔者所任职的国立历史民俗博物馆、国立国际日本文化研究所也开展了“在外日本资料”研究，在欧美进行了有组织的调查、研究。海外各个机构虽然有所差异，但它们的研究者或多或少都对这些资料有所研究。因此对海外日本资料的调查，往往以同欧美博物馆、大学进行共同研究的方式组织起来，进行资料调查和研究。

与国内资料研究相比，对海外资料进行研究最大的差异在于，这些资料都是由日本生产的，但究竟是什么原因、什么时间、以怎样的方式流向海外，这方方面面都必须调查清楚。它们不仅要作为本国人文科学研究的资料使用，也应当作为国际交流史的研究资料。

日本自二战以前开始，在古代至中世、近世时期（隋唐至清代）的历史研究中，常常使用中国和朝鲜半岛的资料。但在中世末期（明末至清初）以后，倭寇频繁活动于日本列岛、中国和朝鲜半岛之间，葡萄牙、西班牙、荷兰等西方国家也频频进入中国和日本。这些事件在亚洲史上影响重大。因此进入21世纪以来，学者们达成普遍共识，结合东亚和欧洲的资料，在西欧史和东洋史的背景下开展日本史研究。

江户时代（清代）以后，日本实行锁国政策，长崎成为与荷兰和清朝进行贸易的唯一港口，长崎的文化生活受到强烈影响。端午节赛龙舟、中元节（水陆道场）先祖祭祀活动等，都在长崎民众间形成了具有当地特色的民俗文化。

清代海商的主要贸易品是砂糖和生丝，这对日本人的日常生活有着重要影响（当时的日本没有砂糖精炼技术，只能依赖进口）。

以研究本国文化为中心的民俗学，其目的是对本国的地域特色，或者日本这一地域内的日本人（生长于日本讲日语的日本人）的民族特色进行探讨，在本国内进行田野调查（几乎所有情况下都无意识地排除了外国的影响），以阐明日本人的生活实态和生活文化的特色。

但是，在日本也有像长崎一样，从清代以后受到中华文化强烈影响的地区。近代（1860年以后），日本开国后，横滨和神户也形成了华侨社会。

长崎县的平户和五岛列岛，自从禁教时代起就传承着亚欧之间交流所形成的地方性宗教文化，例如在地下传播的天主教信仰和仪礼等。明末以后的中国、欧洲文物，以及佛教、天主教等宗教，对日本的民俗和精神文化也有很大影响。为了推进这些文物、宗教等民俗文化的研究，我们在强调本国的传承和文献记录的同时，也要关注日本人所记述的外国人在日本的生活记录，以及外国人在日本留下的有关日本的文献与绘画资料，这样才能具备在更广阔、更国际化的视野下追寻民俗文化特征的可能性。

二、明清海商在日本的贸易与生活、欧洲人的进入——日本对明清海商的调查记录

在中国的明末清初，日本在京都室町的以足利将军为首的武家政权逐渐衰落，各地大名割据，进入了战火纷飞的战国时代。

日本国内的动乱，从16世纪中叶持续到17世纪初，在江户建立幕府的德川将军最终掌握大权。期间，欧洲进入了大航海时代，葡萄牙、西班牙、荷兰、英国等欧洲人先后来访日本，这是日本历史上首次和西方人接触。日本进入这一新时代，与中国的关系也很密切。

经过非洲南端的喜望峰，最早来到中国的是葡萄牙人，他们在16世纪时，以澳门为据点进行的各种活动，被明王朝承认。他们的下一个目的地就是日本，而带领他们前往日本的，是明代海商王直。

王直在日本被称为“五峰”，亦是拥有庞大船队的海盗。他在日本以平户作为据点，后来平户成为明代海商、葡萄牙海商以及耶稣会的天主教传教士的据点，变成一个国际港。

欧洲航海技术的进步和大型船只的建造，以及向南、向东航路的发现，给世界带来了很大的动荡。他们试图入侵中国、日本，但由于国家机关和军队的存在而未能如愿，但那些村落、部族等小规模的共同体所在的群岛，如菲律宾、中国台湾等很快就被西班牙、荷兰占领。他们以贸易品的形式榨取当地的物产，驱使当地人进行低报酬的强制劳动，甚至将当地人作为奴隶贩卖至国外。

其间，中国国内也发生了大动乱。满族人推翻了汉族统治的明朝，建立了清朝，郑成功等人存有“反清复明”之念，与清王朝持续对抗。日本把中国的这一变化称为“华夷变态”，即人口占据多数的汉族被人口占少数的满族统治。对这一激烈变化，日本保持高度警惕，为了避免战火的波及，甚至想要中断与中国的联系。但日本需要从中国进口高级生丝和砂糖，因此仍需要依靠中国的海商。这些海商中，很大一股势力就是郑芝龙、郑成功等人率领的以复兴明朝为目的的大船队。日本同时与清代海商和以台湾为据点的郑氏政权保持着贸易上的往来，购买生丝、砂糖、鹿皮等产品，但在政治上保持不关心不参与的立场。

在这一时期，西方国家除了海商，还派遣耶稣会、方济各会等天主教传教士前往中国和日本进行布教活动。他们把亲身探访到的国情，以书简的形式传到梵蒂冈的罗马教皇、西班牙和葡萄牙，可以说发挥了间谍的作用。

耶稣会传教士利玛窦曾到北京，在1601年被明朝万历皇帝召见，在那以后，耶稣会传教士同在日本一样，在对贫民进行救济的同时宣传教义，使得中国平民中的信徒人数急剧增加。

在这一世界史上的重大变化中，不仅欧洲的海商，中国和日本的海商也曾带着传教士前往东南亚等地进行贸易活动。

欧洲人凭借大帆船走上了世界舞台的前台，在海外发现新大陆和岛屿，不仅与当地进行贸易活动，还企图将它们殖民地化，编入本国领土。而他们的野心能否得逞，与当地原住民是否有国家机关的政治、经济系统，是否有一定程度的军事力量有关。

中国和日本由于有统一的国家机关和较强的军事力量，欧洲人几乎无法实现他们对其领土的野心。而与此相对的，一些仅仅由几个集落或部族形成的小规模共同体，如菲律宾等，就遭到了欧洲人的占领。

日本对于欧洲人对其领土的野心一直抱有警觉，尤其是天主教信徒的增加，让他们产生了佛教、神道教等传统宗教信仰被否定的危机感。于是他们把与天主教关系密切的葡萄牙人和西班牙人赶出国门，将与中国和信仰新教的荷兰两国的贸易港设在九州北部的长崎，并要求他们不得进行传教活动。他们与中国、荷兰保持联系，一方面是对生丝、砂糖等商品有需求，另一方面是他们认识到了解东亚、东南亚乃至欧洲等世界局势的重要性。此外，对洋枪、火炮、手榴弹等武器的关心也促使他们与外界保持一定的联系。而对于明清海商而言，日本的白银、海参等产品是他们所需要的。航海贸易虽然有很大风险，但所得利益非常惊人。

乘坐欧洲帆船或者中式平底帆船来访的海商，在海上遇到船只时，如果判断对方比自己弱小，就会化身为海盗进行抢夺。为了避免受到海盗的威胁，船上都会安装数量不等的大炮，这使得船体越来越大，其结果是贸易品的装载量也大幅增加。这也促使了多国间贸易、经济活动更加活跃。

与日本继续进行贸易的清代商人在长崎进行商业活动，其中的一些情景被石崎融思（1768—1846年）记录在《唐馆兰馆图》和《长崎名胜图绘》中。

除了《唐馆兰馆图》之外，石崎融思还有不少描绘在长崎的中国人和荷兰人生活场景的绘画。这些美术作品受到艺术爱好者喜爱，具体描绘了清朝船只从长崎港入港，通过驳船搬运货物，接受日方检查，以及他们在长崎的商贸活动、在异国的生活状况，可以说是珍贵的历史、民俗资料。这些绘画对于日本来说，可以作为在日外国人活动的资料；对于中国来说，是研究中外交流史中中国人在海外的活动情况、受到何种待遇的研究资料。这些都是在两国民俗研究中不可多得的珍贵资料。

国与国之间的关系，包括政治史、经济史、各时代的文化，一般都属于历史学研究的范畴。但从这些资料在探寻异国生活的实态及其精神，重视它们与现代的联系，寻求其特质等方面发挥的作用来看，其对民俗研究是非常重要的。

比起以上观点，更重要的是明代后期以来，欧洲进入东亚地区，关于中日关系的研究不再是两国间的研究，而是围绕日本列岛、中国、菲律宾、东南亚诸岛、欧洲多个国家展开的多国多地域间关系的研究。中国幅员辽阔，自古以来就和中亚、南亚、东南亚、西亚，甚至中东、西欧国家打交道。在欧洲凭借航海技术进入东亚、主导国际关系的时候，日本也加入这个关系网。

在这个新时代，考察清朝人在日本的生活，并对比同样得以在日本继续进行贸易活动的荷兰人的生活情况，可以对他们在异国的活动、生活的特质有更明确的认识。同样，在研究海外华人华侨的生活和文化时，对当地其他外国人予以关注，可以更好地理解国家间的政治、经济关系，也能更清楚地认识华人华侨的生产生活状态。

三、清代海商在长崎的生活与信仰

在日本的清代海商，自 1689 年（元禄二年）以后，被限定在位于长崎郊外的十善寺乡（现十善寺町）的唐馆居住。他们在这里生活，与日本人进行贸易。

唐馆里和他们的信仰相关的天后宫、土神堂、观音堂十分引人注目。（图片参见本书第一章“国立历史民俗博物馆所藏资料”《唐人屋敷景》）

对于冒着被海盗掠夺和暴风雨的危险航行到日本的清代海商来说，唐馆中最重要的就是祭祀护佑航海安全的妈祖神的天后宫。他们在天后宫进行妈祖诞等祭祀活动。

唐馆建立以前，这里有被称为“唐寺”的四座寺院。明清海商根据出生地分别归属于各寺院：

崇福寺（福州寺）——福建北部；

兴福寺（南京寺）——上海、浙江；

福济寺［泉州寺（漳州寺）］——福建南部、台湾；

圣福寺——广东。

在唐寺中，海商们进行葬礼，在清明节、中元节时进行祭奠先祖的活动，日本方面尊重他们的信仰和习俗，并未禁止这些祭祀活动。

与此相对，在位于长崎的荷兰人居留地出岛，一切标示天主教身份的或是让人联想到天主教的物品和活动均被禁止。这种禁令非常严格，甚至命令必须把在当地死去的荷兰人的尸体沉到大海中。当时的荷兰东印度公司对此非常不满[①]，但为了在日本的贸易利益，最终还是遵从了要求。荷兰人在长崎出岛建立居留地之前，在平户建有商馆，那里是他们的贸易据点。他们在这个据点大约经营了 30 年，而后被命令转移至出岛。之所以有这样的命令，是因为日本将长崎作为唯一通商港口。这是为了便于管理外国人，要将他们迁往一处。但实际上，是因为幕府发现商馆的一处建筑上用西历（天主教历）标示建成的年份，于是勒令其搬迁。1641 年 5 月，随着葡萄牙人被赶出国门，荷兰人转移到了出岛。

另外，清代海商不仅在长崎的城内，而且在诹访神社的运营方面提供了资金援助。诹访神社是为了抵御西欧的威胁，保护日本而建造的。为表示对清代海商的感谢，诹访神社也为他们祈求航海安全。在诹访神社的年节活动中，规模最大的是一直持续至今的“長崎くんち”（长崎宫日节）。由于清代海商对神社运营的贡献，他们被允许参观活动。活动内容中，非常引人注目的是妈祖巡行和舞龙，由长崎町人表演。对于日本人来说，充满异国情调的清代文化很有魅力。[②] 在当时长崎的清代海商中，彩舟流这一习俗非常值得关注。《长崎名所图绘》绘有长崎街头燃烧的中式平底帆船以及对船跪拜的清代海商，四周还有因感到稀奇而围观的日本人。有趣的是，另一组画长崎港南京贸易绘图（图片参见本书第二章“早稻田大学图书馆所藏资料”长崎港南京贸易绘图）也绘有清代商人在海边进行同样的仪式，同样有日本人围观。在旧历七月进行的盂兰盆会上，日本各地都有被称为“精灵船”的稻草船，以及被称为“灯篭流し”（放河灯）的活动。联系这一活动，可以推测清代海商可能是在进行先祖祭祀活动。日本国立历史民俗博物馆藏绘画《彩舟流唐船图》（图片参见本书第一章“国

① 荷兰东印度公司的总督（General）Antonio van Diemen 于宽永十九年（1642 年）在巴达维亚（印尼首都雅加达的旧称）用日语向幕府写信，希望对荷兰死者进行妥善埋葬。对于荷兰人的请求，日方同意从承应三年（1654 年）起，荷兰人可以和中国人共同使用悟真寺的公墓。关于平户、长崎的荷兰人墓地，可参见宫永孝的《日本的荷兰人墓》[法政大学社会学部学会：《社会劳动研究》35（2），1989 年 2 月]。宫永孝的研究中记录整理了墓碑铭，是非常重要的研究。

② 黄宇雁：《长崎诹访神社和唐人生活》，载《同志社大学日本语・日本文化研究》第 13 号，2015 年 3 月。

立历史民俗博物馆所藏资料"《彩舟流唐船图》)中，记有"惣乘组灵二百八人""灵祭执行：南京兴福寺、福州崇福寺、漳州福济寺" 等文字，由此我们可以得知，彩舟流是唐寺的僧侣主持祭礼的佛教活动，其目的是祭奠在日本死去的清代海商的灵魂。

从妈祖祭祀和先祖祭奠的活动来看，在长崎的荷兰人的宗教信仰及相关的仪礼活动被严格禁止，与此相对，清代海商的祭祀行为得到允许。

在这里，我们可以明确看到一种转变，在中日文化交流史上，日本近世即中国清代以来，在庶民层面上开始直接接受中国文化，虽然仅是长崎一地，但这与隋唐至明代日本对中国文化的接受是有很大不同的。

在明代以前，日本朝廷、贵族、武家和大寺院神社有专人负责与中国、朝鲜半岛进行贸易的事务，中国的文物、知识作为先进文化被接受，然后再传导至庶民阶层。隋唐时期宫廷的燕乐首先来到日本宫廷成为舞乐，散乐演化成能剧和狂言，宋明两代的佛教文化也是从日本寺院进入上流武家社会，茶道和花道的起源就是很好的例子。

而明代后期以后，生丝、砂糖等产品直接被海商带到日本，对日本人的生活文化产生了很大影响，异文化的接受与以往有了很大不同，进入了庶民层面交流的阶段。

特别是在作为贸易地和居留地的长崎，中国人的民俗文化对其影响很大。清代，端午节的赛龙舟习俗传到长崎，长崎港沿岸各地区都有进行。笔者调查的一处临海的林地，赛龙舟活动的主体是渔民，他们在港口装饰大渔旗（渔业丰收时装饰在船上的旗子），乘龙船争先抢渡到港口的龙神社，以祈祷渔业丰收。中国的民俗文化传到日本渔村，发生了本土化，成为渔业相关的习俗，作为渔村的民俗活动一直传承至今。

四、日欧贸易相关资料中的明清海商

在日本，不仅有日本人记录明清海商的情况，来到日本的欧洲海商、传教士等，也在他们关于天主教的资料中留下了对当时中国的信仰礼仪的记录，这也成为重要的民俗资料。

妈祖信仰始于 10 世纪下半叶宋代福建省的官吏林愿的七女儿默娘的传说。从近海从事渔业活动的渔民，到出海进行贸易的商人，在东海、南海等沿海地区常常见到妈祖的信仰者。明代的郑和受到永乐帝命令，于永乐三年（1405 年）至宣德八年（1433 年）期间，赴东南亚、印度、阿拉伯半岛、非洲等地七次大航海，他对妈祖的信仰十分深厚。他第一次出航是在南京，从南京下关的惠民河出发，两年后的永乐五年（1407 年）明成祖下令在南京修建了天妃宫。

明代的郑和下西洋，其重要目的是与周边国家构筑朝贡关系，扩大册封体制。关于郑和的事迹，被称为“郑和碑”的《天妃灵应之记》碑和马欢的《瀛涯胜览》（1416 年）均有记载。他作为中国去往欧洲的先驱，从东洋远赴西洋。在此后大约过了一个世纪，欧洲开启了大航海时代，他们在东南亚、中国、日本等设立贸易据点，开始逐步掌握世界贸易的主导权。中国设想的主导西方贸易的愿望没能实现。究其原因，一方面是明代不与结成朝贡关系以外的国家进行贸易，另一方面是郑和以后，由于倭寇等原因，中国实行了海禁等一系列锁国政策。

欧洲人进入东亚，不仅通过海商进行贸易，还觊觎各国的领土。耶稣会、方济各会等天主教的传教士或是以个人身份，或是受到葡萄牙、西班牙的资助来到这里，刺探布教国的内情并记录下来，向梵蒂冈的罗马教皇和资助他们的国家报告。

传教士由于身份和职务因素，对布教地区与信仰、祭祀、宗教相关的记录最为多见，但与此同时，对欧洲人亲眼所见、亲身经历的中日当时的习俗的记录也是很有价值的民俗资料。

最早造访日本的天主教传教士是耶稣会的方济各・沙勿略（Francisco de Xavier，约 1506—1552 年），他受葡萄牙王若奥三世的委托，来到印度果阿，1549 年从广州乘中国海商的船在日本南九州萨摩登陆。

沙勿略在萨摩期间，曾向果阿的圣保罗学院写过信[①]，信中对中国船航海的情况记录，特别是船上妈祖祭祀情景的记录尤为引人注目。

虽然在沙勿略眼中这是“异教徒”的习俗，但他仍然进行了详细记录。偶像被搬到船上，中国船员们在它面前供奉贡品，不断地向它跪拜。这里所说的偶像应当是指妈祖神（虽然也不能完全排除观音或者龙王的可能性）。他们向妈祖神求签问卦，直到签上预示航海安全，才出发前往日本。在航海期间，他们还要向妈祖询问海上风的情况，从这里我们也了解到他们乘坐的是帆船。在船内祭祀中，关于风的问卜也十分重要。罗盘的使用、天体观测技术等中国的航海术，在郑和

① 东京大学史料编纂所编：《日本相关海外史料：耶稣会日本书信集》第 1 册，东京大学发行，1930 年。

的时代就已经被践行。虽然明清海商有先进的航海术，但航海时仍然需要祈求神灵的加护，可见航海本身的危险性。

另外，当时也有漂流到中国的日本渔民，他们乘坐福州船返回日本时，也记下了他们看到的航海情况。从中我们可以了解到，除了妈祖神以外，明清海商还对罗盘进行祭祀，这种生产生活技术与信仰祭祀之间的关系值得我们注意。[①]

对于当时中国人来说，祭祀妈祖神是理所当然的事情，并没有留下太多详细记录，但欧洲资料和日本资料却补足了这一点，这是很有价值的。与此同时，这些资料记录了身处异文化环境的人们看待异国习俗的感受，以及他们如何接受这些事项，从文化相对化的角度看也是宝贵的资料。

日本各地区的大名出于对葡萄牙、西班牙等国的洋枪大炮及欧洲红酒等新奇事物的兴趣，在最初的时候允许耶稣会、方济各会的天主教传教士布教。大约经过了几十年时间，他们逐渐察觉到欧洲国家对日本领土的野心，于是转向了锁国政策［宽永十六年（1639 年），禁止葡萄牙等国的船入港］。除中国的海商以外，他们仅同荷兰保持贸易关系。在相当长的一段时间内，日本国内对天主教徒以及转入地下活动的传教士进行严密搜寻，将他们赶出国门甚至处死（例如 1597 年的“二十六圣人殉教”等）。

由于这种警戒心的蔓延，日方开始怀疑中国海商中混有天主教徒，甚至对来到长崎的中国船只内部进行搜查。

在日本的荷兰东印度公司的商人，从中国收购生丝、砂糖、鹿皮，然后转卖到日本。因此他们与清代海商是竞争关系，荷兰商人在日本写下的日记中，往往会有关于清代海商动向的记录。日方怀疑清代海商中混有天主教徒，并在长崎接受检查的事情也被记录下来。

例如，长崎荷兰商馆的扬・凡・埃尔塞拉克（Jan van Elseracq）的日记，记录了 1664 年 9 月 22 日，“早上，购入商品若干，以现金卖出。各种中国织物，由于中国人大量投放市场（导致价格暴跌），蒙受很大损失”[②]。明代海商是荷兰在日本的贸易对手，驻留长崎的荷兰商馆密切关注从长崎入港的中国船，包括他们船长和船员的动向。

① 宝历元年（1751 年）12 月《唐国福建省江致漂着候奥州南部之者六人口书》，见长崎史学习会编：《长崎关系史料选集》第 1 集，平成十六年（2004 年）；松尾恒一：《历史与现代：清代华商的航海与妈祖信仰——在长崎旅日华侨社会中的传承与现状》，见《2016 年国际妈祖文化学术研讨会论文汇编》，2016 年 10 月，第 211—226 页。

② 《长崎荷兰商馆日记》第 1 辑，村上直次郎译，岩波书店。

当时的中国海商中，郑芝龙的势力很大，荷兰东印度公司对他的记录也很详细。根据《长崎荷兰商馆日记》记载，江户幕府掌握了郑芝龙等海商是天主教徒的情况，由于这一嫌疑，郑芝龙的船队到访长崎时，被要求登船检查，并对船员进行拷问。散播明代海商是天主教徒的消息，对于荷兰商人来说，可以打击他们的贸易对手，因此日记中的内容难以完全相信。但无论如何，至少可以从侧面表明天主教在中国有很多受众①。

基于这一事实，江户幕府怀疑有信奉天主教的清代海商，把玛利亚像伪装成妈祖像带入日本或是安放在船内，也是情有可原的。

在中国海商中，除郑芝龙以外，还有被确认为天主教徒的。平户英国商馆馆长理查德·考克斯写的《英国商馆长日记》（*Diary Kept by the Head of the English Factory in Japan: Diary of Richard Cocks, 1615–1622*）中有一封他从长崎寄给英国东印度公司的信（*RICHARD COCKS TO THE EAST INDIA COMPANY NANGASAQUE, MARCH 10, 1619*［*20*］*, WITH AN ENCLOSURE Nangasaque in Japan, the 10th of March*）。②信中记载在郑芝龙之前，继承李华宇在平户进行贸易活动的是海商李旦，他在弟弟李华宇死后，负责中日间贸易的管理，欧洲海商能参与到中日间贸易，也是经过他的介绍（1620 年 3 月 10 日）。

郑和七次下西洋以后，明朝政府为了防范倭寇（中国、日本、朝鲜半岛海域跨国活动的海盗），采取了海禁政策。期间欧洲人开始进入东南亚和东亚，一些海商具有与欧洲人交涉的能力，有率领船队出海航行的实力，他们协助欧洲商人，进行中日及东南亚之间的贸易。

在明清交替之际，郑芝龙、郑成功父子为了复兴明朝，与荷兰和清政府交战。自明朝后期以来，他们以荷兰、英国商馆所在的日本平户为据点进行活动，继王直（五峰）、李旦之后，成为拥有战船的大海商。在平户领主松浦氏的认可下，他们通过贸易获取经济利益，为与荷兰和清政府的作战积累军费。

近年来，关于明清两代的中日贸易史，包括长崎的明清两代海商的动向，中国历史学界也有很多研究，但据笔者观察，关于日本方面的情况，研究得还

① 西班牙奥古斯丁派传教士范·迪拉·康塞普西翁（Juan de la Concepción）1789 年在菲律宾马尼拉所写的《菲律宾诸岛通志》（*Historia General de Philipinas*）第 6 编第 12 章第 21 节中提到，郑芝龙原本是渔民出身，身份低微，在马尼拉接受洗礼，获得洗礼名（圣名）Nicholas，其后前往日本，成为海商和中国舰队的司令官［参见《巴达维亚城日志》3，村上直次郎译，平凡社，昭和五十年（1975 年）］。

② 东京大学史料编纂所编:《日本相关海外史料: 英国商馆长日记》下册，东京大学出版会，1980 年。

不是很透彻。

例如林观潮在2011年发表的论文《明清时期闽商往来长崎商路之旁考》中有以下论述：

> 在江户社会这样的情势下，长崎也加强了对来航商船的管制，查禁所有与天主教相关的物品。大陆商人信仰的航海保护神妈祖，在形象上与天主教圣母玛利亚有相似之处，容易引发误解。这样的情况将危及他们的人身安全和经济利益。为了证明自身与天主教没有关系，大陆商人逐步把供奉妈祖的妈祖祠堂改建成了佛寺。而德川幕府为了根除天主教信仰，也鼓励建立佛寺，宣扬佛教。在这样的时代背景下，闽商与其他大陆商人一样，展开了寺院的创建与经营。[①]

文中指出江户幕府因清代海商祭祀的妈祖与圣母玛利亚相似而怀疑他们信仰天主教这一点非常重要，可惜没能举出史料予以证实。林观潮提到的“大陆商人逐步把供奉妈祖的妈祖祠堂改建成了佛寺”，在史实上也无法确认。“德川幕府为了根除天主教信仰，也鼓励建立佛寺，宣扬佛教”，这一理解虽然不能说是错误的，但需要注意的是，在此之前日本为了让全体国民证明自己并非天主教徒，实行寺请制度，即国民必须归属于某个特定的寺院或佛教宗派。这一制度也运用到了居留长崎的中国人身上，这才兴建了唐寺（《长崎实录大成》卷五、卷六“寺院开创之部”上中下）。

在兴福寺、福济寺、崇福寺等唐寺中，不祭祀佛和菩萨，而祭祀妈祖和关帝等中国民俗神，这是与以往日本寺院的重大差异。唐寺的兴建主要是为了应对天主教势力的入侵，在清代商人中实行寺请制度。因此，认为日方充分尊重清代海商的信仰，允许他们在唐寺内祭祀妈祖和关帝，这应当是基于史实的正确理解。

日本佛教文化起源于隋唐时期的中国佛教，又与日本的神祇信仰相结合，形成了自己的特色，这在中国的日本文化史、宗教史研究中已形成共识。近年来，也有中国的研究者考察了长崎的妈祖信仰与日本佛教的结合，发现了一些日本化的特色。[②]从宏观的角度来看，不能说这是错误的理解，但我们有必要综合各国的资料，围绕明清交替之际中日关系的重构，葡萄牙、西班牙、荷兰等欧洲国家进入东亚、东南亚，形成新的国际关系，进行细致分析，以得出更正确的历史认识。

---

① 林观潮：《明清时期闽商往来长崎商路之旁考》，载《闽商文化研究》2011年第2期。

② 林晶、陈凌菁、吴光辉：《文化传承的融离与回眸——以日本长崎的“妈祖信仰”为对象》，载《东南学术》2015年第6期。

五、在国际关系视野下研究民俗文化的可能性

本文考察了有关明清海商访日的日本文献和绘画资料，以及欧洲传教士、英国商馆馆长日记等欧洲海商对中、日、欧之间贸易和航海实态的记录。

明清海商带来的生丝、砂糖对日本人的日常生活产生了很大影响。面对中国生丝的流入，日本政府（江户幕府）为了保障本国生丝的流通和利益，于17世纪初制定了丝割符制度，以管理中国、荷兰海商的生丝贸易。① 这些外国人的贸易活动，对日本国内养殖桑蚕业产生了很大影响，其利益的大小与蚕农的生活密切相关。

清代海商的居留地虽然在长崎十善寺乡的唐馆，但对周边居民生活的影响很大。端午节的赛龙舟和舞龙活动，被长崎的日本人（非华侨）继承，成为日本当地的民俗文化。长崎的华侨和日本人继承的中华文化，作为地区代表性的民俗文化、非物质文化遗产，成为当地的观光资源，在现代社会发挥着重要影响。

20世纪80年代至90年代以后，随着城市生活向地方、农村、渔村的扩散，日本民俗学中的都市民俗相关研究的比重逐渐增大。但民俗学研究的出发点仍然是关心前近代的传承，即与过去相关联的事项的重要性。

在这一背景下，民俗学对地区文化的独立性给予很高评价，同时在其中发掘出不限于该地区的国家身份的价值，以推进研究。我们看到的德国民俗学、日本民俗学、中国民俗学、美国民俗学等，与历史学和文学一样，是按照国别进行划分，基本以本国的研究者为中心来进行研究。但民俗学在通过田野调查进行社会研究这一点上，又与文化人类学在方法和主题上有相似之处。文化人类学最初是由于在统治和支配殖民地的过程中，需要理解异文化社会，于是着力于分析社会组织、亲族关系的结构。与此相对，民俗学是在现代化过程中，探寻国家存续的精神根源，寻求从过去到现在的连续性，即通常所说的历史。从这一点看，民俗学和文化人类学在研究的出发点上有着重大差异。

因此，民俗学往往倾向于关注本国的国民，以国内的资料为中心进行研究。但事实上，明末至清代，民众层面的国际交流不仅在东亚，甚至扩展到东南亚乃至欧洲，这种交流（至少是在日本）对民众的生活带来了巨大影响，在国际交流日益频繁的现代更不必说。此外，明末和清代以后，民众层面的贸易活动也对外

① 日本与中国、荷兰进行生丝贸易的实态，以及丝割符制度对于日本对外政治、经济的意义，可参见木崎弘美《丝割符制度废除的幕政史意义》[《驹泽史学》34，1986年1月]。

国的民众生活产生了很大影响。

从这个意义上讲，关于民俗文化，根据研究对象进行国际化视野的考察变得必要起来，要在本国与相关国家之间共享在各自立场上记录的文献、绘画资料以及实物资料（生活相关的遗物等），关注来自不同立场的叙述，进行综合分析。为此，在国际化的框架下进行共同研究也变得更加必要。

附录三
海外藏文物所见明清时期妈祖、观音与玛利亚形象的融合

明清时期，中日间贸易虽然受到双方海禁政策的影响，但总体上交流十分频繁。同期的欧洲步入大航海时代，西班牙、葡萄牙的商人和传教士来到东亚，与中国、日本在经贸和宗教上有所来往。在多边交流中，妈祖、观音、玛利亚作为航海安全神和圣母，形象发生了融合。在她们产生交集的舞台日本，不少雕像、图绘和文字材料被保存下来，这些文物为我们窥探当时三者的关系提供了物证。

一、清代中国海商与妈祖、观音

明代永乐年间，郑和奉帝命远赴非洲大陆，对琉球国、李氏朝鲜以及马六甲王国等东南亚诸国进行册封，开展朝贡贸易（1405至1433年间的七次“下西洋”）。与此同时，发源于宋代倭寇的海盗势力也在扩张，他们勾结葡萄牙势力在南海和东海活动。其间，无论是出于国家意志还是缘于走私贸易，在航海过程中以宋代历史人物林默娘为原型的妈祖信仰不断扩展。

时间来到清代，徐葆光于1721年写成的《重刻中山传信录》记录了往来于福建与琉球间的册封使的活动，其中可以窥见作为航海守护者的妈祖的样貌（图1）。据传绘于18世纪[①]，现藏于阿姆斯特丹国立美术馆的《妈祖圣迹图·朱衣著灵》

① 德鲁克思（Klaas Ruitenbeek）：《绘画和木版画中的海上保护神妈祖》，见澳门海事博物馆、澳门文化研究会合编：《妈祖信俗历史文化研讨会论文集》，1998年，第230页。

（图 2）也很好地展现出遇到狂风巨浪时人们对妈祖的信仰。当船上众多船员因遭遇风浪陷入混乱时，一位身着宋代红色官服的官员带领大家朝天跪拜，跪拜的方向正是桅杆顶端身着红衣的女子。根据《天妃显圣录》“朱衣著灵”条记载，红衣女子就是妈祖①。

图 1 《重刻中山传信录》卷 1《天妃灵应图》
（早稻田大学图书馆藏）

图 2 《妈祖圣迹图·朱衣著灵》
（阿姆斯特丹国立美术馆藏）

从清代《闽省水师各标镇协营战哨船只图说》的图解中，我们可以发现船体内有供奉妈祖像的妈祖龛，亦能窥见后方飘扬着妈祖旗（图 3）。这套图解描绘了乾隆年间诸多中国船只的概貌，中间透露出不少与妈祖信仰相关的线索。

在日本乃至欧洲也有不少反映船员信仰的绘画，绘有那些救助遇难船只和船员的神灵。其中一类被称为海难画（图 4），和上述天妃灵应图、妈祖圣迹图类似，日本和欧洲的人们也相信天空中存在守护船只和船员的神灵，在遇难时会从天空降临救助他们。

这些中国、日本和欧洲关于航海守护神的信仰，可能彼此没有直接联系，而是源于人类普遍的心理诉求。他们在危险的大海中遇到灾难时向神灵求助，希望

① 肖海明：《荷兰阿姆斯特丹国立博物院藏清代〈天后圣迹图〉研究》，载《宗教学研究》2017 年第 2 期。

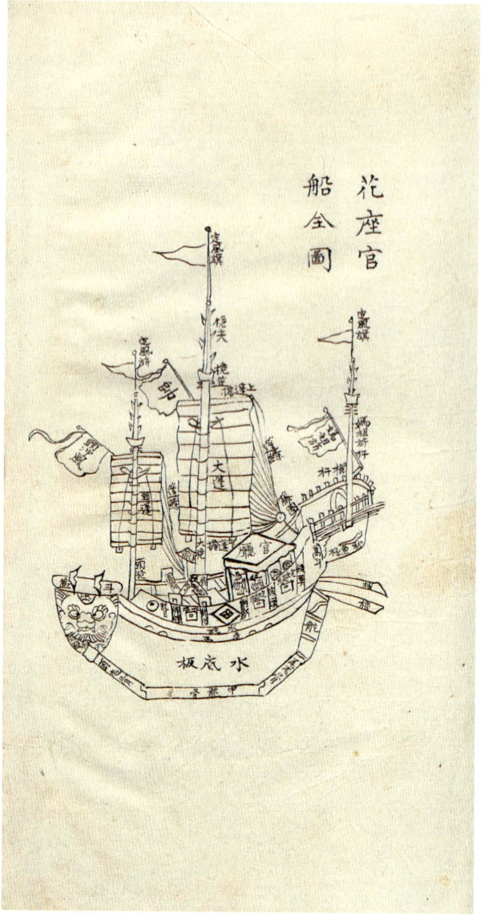

图 3《闽省水师各标镇协营战哨船只图说》花座官船全图（柏林国立图书馆藏）

图 4A　Ex voto of sailor Joseph Costa de Vilasa（遇难的西班牙船和抱着耶稣的玛利亚） 巴塞罗那航海博物馆藏

图 4B 海难图（日本香川县金刀比罗宫藏）

获得一个安全的空间。

日本人在同清代海商长期贸易的过程中，了解到海商们所乘的中式帆船里祭祀有守护航海安全的女神妈祖。长崎学者西川如见的《增补华夷通商考》卷二“四川省”（1695 年）中，大体记载了如下事项：造访长崎的清代商人认为妈祖是观音的化身，将其尊为“天妃”“圣母”，冠以“菩萨”之名；进入长崎港时，根据先来后到的次序，通过升降礼旗对其他中国船进行礼让；在完成卸货后，把妈祖像从船上请下来，在出航之际又将妈祖像安放在船上，妈祖往来时要一路鸣金鼓、吹喇叭。

> 来到长崎的中国船上，提到菩萨首先就是妈祖，也称姥妈。她本是福建兴化林氏之女，沉于大海后化为神。她显现神威保护渡海船只，被尊为天妃，又号圣母、观世音化身云云。（中略）又信仰观音者众多，

到访长崎的中国船入港时必放火矢，抛锚后必鸣金鼓庆祝。若港内有其他船只，则升降礼旗。必礼让先到船只，而后鸣金鼓、收礼旗。又同港中一船卸货后，请菩萨下船时，或返航之际请菩萨上船时，一路都要鸣金鼓、吹喇叭。菩萨上船后，港口中各船也齐鸣金鼓，三三九遍。返航起锚时也放火矢，鸣金鼓，其时港口中各船也齐鸣金鼓，三三九遍，是庆祝出航之礼法。此乃唐土之风俗。[①]

《增补华夷通商考》认为上述习惯是清代习俗，它们的样态被画在《长崎名胜图绘》“唐人奉天妃”、《长崎古今集览名胜图绘》“菩萨祭”以及《唐馆图兰馆图绘》中。画面中可以看到海商身着异国风情的服装，鸣金鼓，吹喇叭，为妈祖像撑起伞在长崎街道上行走的样子，队伍前面还有手提灯笼的人作为先导，灯笼上写有“天后”“圣母”字样。这里将清代海商的习俗归为长崎名胜并多次绘图记录，可见当时的长崎人对于清代海商的奏乐、服装都抱有新鲜感。

《增补华夷通商考》明确记录妈祖是观音的化身，即妈祖与观音是一体的神灵。那么佛教的观音菩萨和中国民俗神妈祖被作为同一神灵来信仰，究竟是何时开始的呢?

宋代的林默娘死后不久，就被东海沿岸的海民们当作妈祖神来信仰。这种信仰至少可以追溯到元代。在下面这个明代的故事中，可以看到她被作为观音的化身而信仰。

妃，林姓，旧在兴化路宁海镇，即莆田县治八十里滨海湄洲地也。母陈氏尝梦南海观音与以优钵花，吞之，已而孕十四月，始免身得妃；以唐天宝元年三月二十三日诞生之日，异香闻里许，经旬不散。幼而颖异，甫周岁，在襁褓中，见诸神像，叉手作欲拜状；五岁能诵《观音经》，十一岁能婆娑按节乐神，如会稽吴望子、蒋子文事……居无何，俨然端坐而逝，芳香闻数里，亦犹诞之日焉。自是往往见神于先后，人亦多见，其舆从侍女拟西王母云。[②]

这个故事来自明末的《三教源流搜神大全》卷四“天妃娘娘”。妈祖的母亲在梦中从南海观音那里得到一支优钵花，服下后便有了身孕。这个故事暗示了妈祖是观音转世。其中更引人注目的是南海观音，这里的“南海”是指观音所在的世界补陀落迦。在东海、浙江省舟山群岛的小岛普陀山上，从唐代起就祭祀着观

① 西川如见：《增补华夷通商考》卷二《四川省》，1695 年。

② 引自徐崇立《三教源流搜神大全》卷四《天妃娘娘》，成书于 1404—1424 年。此处引自 1935 年长沙中国古书刊印社汇印本，卷四第 16 页。

音，建造了壮丽的伽蓝。普陀山作为东海航行的一个重要停靠点，也受到航海者的信仰。《三教源流搜神大全》还记载了林默娘五岁时就熟记《观音经》。由此可见，妈祖和观音的联系是不容忽视的。更值得注意的是，妈祖一方面被视为南海观音，同时很可能与护佑航海安全的普陀山观音有关联。明末在莆田地区刊行的妈祖灵验故事集成《天妃显圣录》应当也受到这些故事的影响。

由此看来，妈祖在明代被作为南海观音来信仰应当是证据确凿的。事实上，这种信仰在宋代妈祖的原型林默娘死后不久就已经出现，并在元代发展和确定下来。《元史》卷七十六“名山大川忠臣义士之祠”中有“惟南海女神灵惠夫人，至元中，以护海运有奇应，加封天妃神号”的记载。在元代约 1335—1340 年，妈祖因守护海民海上作业，被封为“天妃”。妈祖和观音结合的历史，近年来在中国和日本都有研究，已经有了较为具体的解读。关于其历史的展开，菊地章太从宏观的视角论述了元代的妈祖信仰，他认为曾经是游牧民族的蒙古族以大都（北京）为首都建立元朝后，从西藏地区传入了喇嘛教，形成了佛教和喇嘛教并存的局面。在这一背景下，妈祖作为地方民间信仰与佛教等其他宗教发生融合，其信仰圈不断扩大。[①]

菊地章太的论文发表两年后，中国台湾的李世伟发表论文[②]，讨论从宋代到明代海洋女神妈祖和观音信仰的融合问题。两位学者从几乎相同的文献中，对同一段历史各自进行了解读。李世伟的研究还涉及明末清初与观音、妈祖有关的玄天上帝的传说，围绕这一问题论述了道教和佛教的相互影响，同时论及了宗教信仰民俗化的具体情况。以此为背景，他认为妈祖信仰在清代道教信仰的深化和扩大中也表现出民俗化的趋势。李世伟的论文中尤其值得注意的是，他指出唐末以来普陀山成为观音信仰的圣地，并在 600 多年后的清代被认为是观音在现实世界的“南海补陀落迦”。而妈祖正是诞生于福建莆田，两者在地理上是一致的。此外，他还指出龙女这一要素在妈祖和观音结合的过程中发挥了重要作用。

---

① 参见菊地章太：《民间信仰与佛教的融合——探索东亚妈祖崇拜的扩大》，见东洋大学东洋学研究所：《东亚佛教学术论集》第 5 卷，2017 年 1 月。

② 参见李世伟：《以观音为师——观音与妈祖、陈夫人、玄天上帝之信仰互动》，载《宗教哲学》第 87 期，2019 年 3 月，第 107—124 页；李世伟：《众神之尊：近代观音与民间诸神的信仰互动》，载圆光佛学研究所《圆光佛学学报》第 33 期，2019 年 6 月。

二、长崎中式寺院中的妈祖、观音祭祀——南海观音信仰在日本的传承

在日本长崎的中式寺院崇福寺的先祖祭祀普度胜会上[①]，同时祭祀着被称为“南海菩萨”的观音和妈祖。崇福寺的妈祖堂的正面挂有被称为“南海菩萨”的画像，除三牲、茶等供品之外，还摆放有化妆品、梳子、缝纫用的卷尺等与女性相关的供品。

图 5　崇福寺普度胜会上的南海观音菩萨像（摄影：松尾恒一）

这幅海上乘龙女神南海菩萨画像（图 5）就是妈祖堂的本尊。普度胜会上，在大雄宝殿为首的诸堂念诵法要，是崇福寺僧侣的任务。如今该寺虽然继续承担这一职责，但祭祀南海菩萨主要是华侨的行为，并非由崇福寺主导。此外，寺内还有佛典中未见的菩萨，其来历连崇福寺住持和华侨老人都不清楚。

在日贸易中，普陀山是清代海商的据点。历史上曾发挥了重要作用。正如李世伟论文所说，长崎崇福寺普度胜会上那幅海上乘龙的南海菩萨画像描绘的是与龙女关系密切的妈祖、观音同体的南海观音形象。

在崇福寺举行元宵节、妈祖诞等岁时节日活动期间，起源于近世的华侨同乡组织三山公帮会给予大力协助。三山公帮的“三山”意指福州，三山公帮汇集了旧福州府的长崎华侨，其前身是 1629 年创设的福州帮，在 1850 年后改称福建帮。直至今天他们都在崇福寺举行的各种活动中发挥着重要作用。

---

① 关于崇福寺普度胜会的介绍主要基于本人 2013—2015 年的调查。此外，也可参见松尾恒一《在日华侨的先祖祭祀、普度胜会的传承与当下》（名古屋大学人类文化遗产文本学研究中心编：《HERITEX》创刊号，勉诚出版，2015 年 11 月），以及松尾恒一《在日华侨的普度胜会，长崎・神户・京都——重新审视日本的祖灵信仰》（西日本宗教学会编：《西日本宗教研究志》第 4、5 合并号，2017 年 3 月）。

承应三年（1654年），隐元禅师在郑成功的安排下，从福建来到长崎。崇福寺、兴福寺、福济寺等三座寺院由此成为黄檗宗的名刹。隐元的三代弟子铁心道胖则在1677年建立了圣福寺。这四座寺院有别于日本寺院，被称为“唐寺”（中式寺院），由清代中国黄檗宗的僧侣奉职。寺院经济上的支援关系如下所示：

崇福寺（福州寺）——福建北部；

兴福寺（南京寺）——上海、浙江；

福济寺［泉州寺（漳州寺）］——福建南部、台湾；

圣福寺——广东。

中式寺院与日本寺院不同，往往祭祀妈祖、关帝等中国的民俗神，对妈祖、观音的祭祀在清代海商祈愿航海安全方面发挥着重要作用。这些祭祀活动与华侨的信仰一道，在中式寺院已经延续了300余年，是中日交流史上宝贵的文化传承。

江户幕府下令编纂的《通航一览》成书于1853年前后，是一部350卷本的大型外交史料集，其中记载了当时与日本有贸易关系的中国和荷兰的情况。以下引用的卷二百一十中，有明和五年（1768年）福建海商船漂流到纪州熊野后，日方对船员们进行问询的笔录记载。从这些记录中我们可以窥见清代海商在海上的信仰，以及当时中国国内的宗教信仰状况。

明和五年七月，有中国船只漂至纪州熊野，笔谈记录如下：

初问：贵邦，何国而积何物至何国乎？且何月何日出帆到何国，而被大风飘流来哉？

又问：人数几人？亦桅木截断之时，无怪与。

对曰：贱，则福建省福州府儎[①]仝，俩白糖往天津北京，不幸而七月初六日，被狂风飘浪，寔难当将白糖去水，桅帆截断，幸得逃出，船中二十一人拘命由飘到此，今望国王恩救，感恩不浅。（编者按：以下问答和以上两条应是当地医师武田伊织记录）

告福州人：被狂风大浪飘浪，而到于此地，众人皆可为苦难，我俱忧也。

又告于众人：全于身而暂止于此地，且无虑而告于要用，暂而后正于国法，而可返送于福州，可安于众心忧苦。

谢答：贵邦之良心，怜贱人之劳苦，谢恩谢恩。

问：尊耶稣宗门哉如何？尊儒道之与如何？宁释迦与如何？尊神道

① 儎，原文笔录时记为“儎”。意为负载、运输。

与如何？

答：耶稣宗门之庙在我国王之城内。尊儒道之庙在我国诸侯府之内。尊释迦之庙在普陀落山。妈祖娘娘之庙在庶民之乡。我士亦有庙奉，庶民亦有小庙奉，庶民家俱是观佛祖，我国之船俱是妈祖也。

问（编者按，以下提问者是祇子，即祇园孙三郎）：福州古南越之地，距京畿里程？

答（以下回答者是杨金生）：福州往北京水途，顺风二十余日。海南往北京，一月余。上北京，中福州，下海南。

问：往还二十余日乎？

答：以直。

问：漳州亦是福建省也。与贵邦远近如何？商买交易乎？风俗同异乎？

答：有二日之地，有七日之地，我船中皆漳泉之人。

问：贵邦信佛乎？足下及二十人持何佛之法也？尝闻贵邦信耶稣宗，君等亦有持是法者乎？

答：贱邦耶稣宗旨，富者有之，贫者无之。贱邦佛多，但我船中之人持妈祖娘娘为重。

问：妈祖娘娘何神？所谓天后神乎？

答：我国王封之，为天后圣母。

问：天后圣母应是妇人也，今望之杰然一丈夫也。圣母之号如何？亦左右力士何者？

答：谁船是全身似男子，左者曰千里眼，右曰顺风耳。

问：君等称王者，指乾隆帝乎？福州亦有王乎？

答：我邦共十四省，并无称王。

问：柜中携来何等物件？

答：上白糖、中白糖、赤糖、天门冬、蜜冬瓜、荷包槟榔子、鲂鱼皮、凌鲤壳、香紫。

问：持兵器来乎？

答：无矣。（以下略）[①]

这里虽然没有直接将妈祖和观音等同起来，但在众多佛、菩萨、民俗神中特别提出妈祖与观音的信仰仍然值得关注。在这段记述中我们还可以看到船员的陈

① 林韑编：《通航一览》卷二百一十，国书刊行会，1913 年，第 372—381 页。

述，包括船只在漂流过程中船体和白糖等货物的受损情况，以及桅杆、帆、网等被暴风雨侵袭的情况，甚至日本的差役出于禁教政策对船员的宗教信仰进行的详细问询。这艘福建船上的船员主要来自漳州和泉州，他们就清代基督教的状况和自己的妈祖、观音信仰进行了回答。整理要点如下：

关于基督教，北京城里有庙即教堂存在，信者主要是富人；

清代的国、侯府内都建有儒教的庙；

说到佛教的寺院，提到了普陀山的庙；

庶民每家每户都拜佛祖，在小庙中祭祀观音；

各个乡都有妈祖娘娘的庙，船上也祭祀有妈祖；

妈祖被封为天后圣母，座前有千里眼和顺风耳两个男神。

由于日本对基督教的禁教制度，外来人员到达日本时往往会被问及宗教信仰。但从上述的问答中我们可以看到民间祭祀妈祖和观音较多，两者在祭祀方式上有相似之处。庶民们在各家的小庙中祭祀观音，各乡修建庙宇祭祀妈祖，从事航海职业的人在船上祭祀妈祖。这些都是关于信仰状况的宝贵证言。这些情况可以看作中国尤其是福建地域庶民阶层的信仰状况。关于妈祖，从她被封为天后圣母可以看出国家对这一信仰的支持，这也让她被奉为护国神。

值得一提的是，观音本身也被称为观音大士，有向道教神靠拢的趋势，这与她向航海神妈祖靠拢几乎发生在同一时期。妈祖被康熙帝封为天后圣母，成为护国神，观音也被冠以“圣母”的名号。尤其是白衣观音受到明代基督教传教活动的影响，出现了很多抱着幼子的白衣观音图像。

另一方面，乾隆年间（1736—1795 年）基督教在京城建有教堂的情况为庶民所了解，可见其在中国传播甚广。明末利玛窦所建的教堂在清代也保留了下来。从回答的情况来看，虽然他们说基督教的信徒主要是有钱人，但他们应当非常清楚日本的禁教政策，所以可能所言不尽属实，一般庶民中基督教的信徒恐怕也并不少。[①] 无论如何，从京城建有教堂的情况来看，我们可以认为官员中的信徒数量较多。

在此之前，郑芝龙及其船员是基督教徒的事情被日本发觉，他们在抵达长崎

① 1723 年开始清政府禁止基督教传教，乾隆时期虽然允许传教士留在境内，但传教活动只能由汉人进行。参见新居洋子：《耶稣会会员和普遍的帝国——在华传教士翻译的文明》，名古屋大学出版会，2017 年。

入船检查时曾被问讯。[①] 这一事件从侧面印证了从明代后期起，利玛窦等人的传教活动在庶民中有着广泛的影响。[②]

欧洲人在东亚的活动以及基督教的传播，对当地的宗教信仰产生了较大影响。妈祖和观音在不同背景下成为圣母，近代妈祖信仰又进一步强化了其慈母神的形象。

三、成为圣母的观音——玛利亚信仰与图像的影响

被视为观音化身的妈祖，随着时代的推移获得了“崇福夫人”“天妃”的名号，到了清代又与武则天一样被称为“天后”，之后又被称为“圣母”。

日本将玛利亚称为“圣母玛利亚”，冠以圣母之名是出于其处女怀胎生子这一奇迹。而基督教最初在日本传播时使用的名号是“御母玛利亚”“后妃”，或是“あわれみの御母”（慈祥的母亲），也有直接音译自葡萄牙语 Virgem（英语 Virgin）的称呼。现在日本使用的“圣母玛利亚”这个称呼应当是源于中文的译词。

妈祖和观音被作为同一个女神信仰，但根据《法华经》“观世音菩萨普门品第二十五”，也就是《观音经》，观世音菩萨为了拯救众生，会根据对方的情况呈现不同的化身，因此没有固定的性别。只是在传承过程中，白衣观音在明代起演变成慈母神的形象。

明代的《销释白衣观音菩萨送婴儿下生宝卷》（图 6）如其卷名所示，记载

---

① 荷兰东印度公司的《荷兰商馆日记》1664 年 9 月 17 日条、25 日条、28 日条。参见松尾恒一：《清代前期妈祖信仰、祭祀在日本的传播与传承——以欧洲势力进入东亚为视角》，见荒见泰史编：《佛教的东渐和西渐》（《亚洲游学》251 号），勉诚出版，2020 年 8 月。

② 此外，在德国学者罗德里希·普塔克（Roderich Ptak）的中文论文《海神妈祖与圣母玛利亚之比较（约 1400—1700）》（《海洋史研究》第 4 辑，社会科学文献出版社，2012 年 12 月）中，以航海安全神的视角比较了明清时期的妈祖和西方的圣母玛利亚，讨论了妈祖和玛利亚在航海神身份上的相似性。其后蔡洁华和普塔克合著的论文《元初至明中叶南海区域的妈祖和玛利亚：可能的相遇与其背景》（《国家航海》2016 年第 4 期）中，就元代、明代以澳门为据点的葡萄牙人和以马尼拉为据点的西班牙人同中国人的交流进行了讨论。文中明确指出当时欧洲人已经认识到妈祖和海星圣母玛利亚（Stella Maris）的相似性，这里关于欧洲人对中国人信仰的理解状况的说明是十分重要的。该论文也关注到妈祖和观音，提到中国的妈祖、观音受到玛利亚的影响，其形象和信仰都有所改变。但这些仅停留在东西方贸易背景下的推测，没有明确的文献和图像资料佐证。

图 6 《销释白衣观音菩萨送婴儿下生宝卷》
（早稻田大学图书馆藏）

图 7a 《罗马人民的保护者圣母玛利亚》（罗马圣安德鲁大教堂藏）

图 7b 唐寅款《中国圣母图》（芝加哥菲尔德自然史博物馆藏）

了白衣观音作为慈母神的功德，经文中有“白衣观音”“白衣母”“白衣娘娘”等文字出现。宝卷的开头部分有一幅画像，画的是一袭白衣抱着幼子的女性观音形象，一对成年男女正跪拜于前。这说明民间广为流传的白衣观音送子信仰已经被编入了佛经故事。

在明代，被作为慈母神而信仰的白衣观音又与玛利亚的形象重合起来。其例证之一是明代唐寅（1470—1524 年）所画的《中国圣母图》（图 7b）。图中可以看到，抱着孩子的女子从头到脚一袭白衣，头后面红色的圆形是圣女的标志，推测所绘的是白衣观音像。

同时代的描绘抱着幼子耶稣的玛利亚绘画和雕刻中，藏于伦敦英国国家美术馆的戴维德·吉兰达约（Davide Ghirlandaio，1452—1525 年）所作的《圣母子与圣约翰》（The Virgin and Child with Saint John）十分著名。此外还有意大利雕刻家安东尼奥·罗塞利诺（Antonio Rossellino，1427—1479 年）的陶塑圣母子（藏于柏林）等为数不少的作品。到 19 世纪中叶又出现了意大利都灵的进教之佑圣母圣殿（Basilica di Maria Ausiliatrice）的玛利亚祭坛画［洛伦佐内·托马索（Lorenzone Tommaso）绘］等众多作品。欧洲的玛利亚信仰从 4 至 5 世纪起就一直延续着。

这些玛利亚画像中，在中国美术史上经常与明代唐寅的《中国圣母图》进行对比的有罗马大圣母堂的圣母子像、罗马圣安德鲁大教堂（Saint Andrew's Church）藏圣母子像《罗马人民的保护者圣母玛利亚》（图7a）。[①] 中国网站“风闻”[②] 中，有题为《送子观音的原型是圣母玛利亚》的文章，推测抱子观音像是起源于怀抱幼子耶稣的玛利亚像，并对两幅画进行比较。[③] 稍晚于唐寅的沈榜（1540—1597年）在《宛署杂记》（1593年成书）中写到北京郊外的斋堂镇东斋堂村有圣母观音寺，可以确认在那时就有把观音称为圣母的做法。

沙勿略曾经在日本进行基督教传教活动。他认识到日本的思想和信仰在很大程度上受到中国的影响，于是决定前往中国。但他尚未抵达广东，就在上川岛过世，未能达成愿望。利玛窦继承了他的遗志。

利玛窦于万历二十八年（1600年）12月24日来到北京，成功谒见万历帝，向皇帝献上了十字架和圣母玛利亚画像。从献上物品的目录《上大明皇帝贡献土物奏》（1601年）中可以得知献上的画像有两幅，分别是古典天主圣母像和时画天主圣母像。

> 大西洋陪臣利玛窦谨奏，为贡献土物事：臣本国极远，从来贡献所不通，逖闻天朝声教文物，窃语沾被其余，终身为氓，庶不虚生；用是辞离本国，航海而来，时历三年，路经八万余里，始达广东。盖缘音译未通，有如喑哑，因僦居学习语言文字，淹留肇庆、韶州二府十五年；颇知中国古先圣人之学，于凡经籍，亦略诵记，粗得其旨。乃复越岭，由江西至南京，又淹留五年。伏念堂堂天朝，方且招徕四夷，遂奋志径趋阙廷。
>
> 谨以原携本国土物，所有天帝图像一幅，天帝母图像二幅，天帝经一本，珍珠镶嵌十字架一座，报时自鸣钟二架，《万国舆图》一册，西琴一张等物，陈献御前。此虽不足为珍，然自极西贡至，差觉异耳，且稍寓野人芹暴之私。
>
> 臣从幼慕道，年齿逾艾，初未婚娶，都无系累，非有望幸。所献宝像，

① 陈慧宏：《明末天主教圣母图像所见的圣母神化与观音信仰》，载《国际比较文学》2018年第1期。

② 参见 https://user.guancha.cn/main/content?id=7055&s=fwzwyzzwzbt。

③ 在此之前，关于中国留存的抱着幼子的玛利亚画像，有扬州出土的加大利纳·维里奥尼（Katarina Vilioni）的墓碑画。据墓碑记载，她的去世时间是1342年。马可波罗的亚洲之旅是在1271—1295年，或许两者在中国有接触，但很难由此证明欧洲传教士在那时就开始有组织的传教活动，对后世的影响也似乎没有讨论的必要。

以祝万寿，以祈纯嘏，佑国安民，实区区之忠悃也。伏乞皇上怜臣诚悫来归，将所献土物，俯赐收纳，臣益感皇恩浩荡，靡所不容，而于远臣慕义之忱，亦少伸于万一耳。

又，臣先于本国，忝与科名，已叨禄位，天地图及度数，深测其秘，制器观象，考验日晷，并与中国古法吻合。倘蒙皇上不弃疏微，令臣得尽其愚，披露于至尊之前，斯又区区之大愿，然而不敢也。臣不胜感激待命之至！万历二十八年十二月二十四日具题。[①]

12 月 24 日是耶稣的生日，在这一天献上圣物，可以说是利玛窦在中国传教活动中迈出的一大步，很可能在这一天还进行了圣诞的弥撒。

利玛窦被允许在城内建立教堂，正如《帝京景物略》卷四《天主堂》所记载的“圣母堂，母貌少女，手一儿，耶稣也”那样，圣母堂里安放有怀抱耶稣的少女像。可以推测，他向皇帝进献的玛利亚像很有可能也是怀抱耶稣的圣母玛利亚。

利玛窦除了进献圣物、圣画之外，还主持制作了基督教的宗教画，这中间与日本也有一些因缘。受到沙勿略在日本传教的影响，日本产生了一批基督徒，其中一位名叫雅各布·丹羽（Jacob Niwa，1579—1638 年）的人，曾跟随意大利修道士乔万尼·尼古拉奥学习西洋画，庆长六年（1601 年）受利玛窦之邀、日本教区视察员范礼安之命，来到澳门作圣画。次年即万历三十年（1602 年）在北京献上其所画的圣母子像。丹羽在四年后通过利玛窦加入耶稣会，在中国继续为基督教作圣画，南昌等地的教堂中有他的作品。1638 年他于澳门去世，时年 60 岁。

部分基督教传教士在来到日本和中国之前，曾在马六甲王国停留。时任圣保罗神学院院长的尼古拉·兰洽洛特（Nicolao Lancilloto）在这里向弥次郎（日本最早的基督徒）询问日本的情况，其中提到日本有抱着幼子的观音的信仰，与玛利亚的信仰很类似（兰洽洛特《日本事情》[②]）。不难推测，在中国的白衣观音也很可能会引起他们类似的想法。

---

① 利玛窦：《上大明皇帝贡献土物奏》，1601 年。参见 https://www.zhonghuashu.com/wiki/%E4%B8%8A%E5%A4%A7%E6%98%8E%E7%9A%87%E5%B8%9D%E8%B2%A2%E7%8D%BB%E5%9C%9F%E7%89%A9%E5%A5%8F。

② 关于兰洽洛特的《日本事情》，可参见《读书日记：每日读书记录与杂感》，“岩屋天狗和千年王国 24”（http://2006530.blog69.fc2.com/blog-category-18.html）。此外，德重弘志的《基于耶稣会传教士的书信、报告书看 16 世纪中叶的真言宗》（《高野山大学密教文化研究所纪要》第 33 号，2020 年 3 月）除了论及兰洽洛特的《日本事情》，还对基督教传教士在日本的活动，以及他们努力了解日本佛教的情况进行了很有意义的论考。

中国所称的圣母往往是诸如孔子、释迦牟尼等圣人的母亲，（因处女怀胎这种奇迹而出生的）耶稣的母亲被称为圣母，有可能是利玛窦的主意。

图 8 是 1928 年在澳门所建的路环圣方济各圣堂中的天后圣母像。她身着奢华的服饰，左手抱着幼子，右手持十字架。白衣观音在明代带上了送子观音的色彩，再加上抱着幼子的玛利亚图像的影响，让作为圣母的妈祖形象与两者重合起来。澳门教堂中作为宗教画的天后圣母像，很可能受到抱着耶稣的圣母玛利亚画像的直接影响。从教堂引入受到基督教影响而变貌的民俗神，可以看到启示宗教与当地民俗信仰的交融。

图 8　天后圣母像（澳门路环圣方济各圣堂藏）

西欧的基督教在与东方进行对比时，往往强调其一神教的属性，但它在来到亚洲或者美洲大陆，在本地化的过程中，往往会与当地的民俗神产生联系。此外，在送子观音和怀抱幼子的玛利亚形象影响下，还出现了抱子观音的白瓷立像。

四、长崎隐匿基督徒的玛利亚信仰和德化窑的白瓷观音

福建省德化窑至今仍是中国白瓷的一大产地。17 世纪时，记录了明末各类产业技术的《天工开物》中“陶埏第七・白瓷”条记载，“德化窑，惟以烧造瓷仙、精巧人物、玩器”。由此可知这里是明末中国重要的白瓷生产地。德化生产的白瓷观音像，在流通到全国各地的同时，也被欧洲海商购买，出口到日本、菲律宾、欧洲各地①。

出口到日本的白瓷观音像受到关注，是因为当时日本采取了禁（基督）教政策，很多不愿暴露信仰的基督徒将白瓷观音像作为玛利亚来进行祈祷活动。

日本人注意到西班牙等欧洲国家对日本和中国领土的野心，采取了与欧洲国家断交的政策。作为这种锁国政策的一环，基督教被禁止传播。但仍有为数不少

① 参见宫川由衣：《作为圣玛利亚的白瓷观音像——论隐基督徒所传的“玛利亚观音”》，见《西南学院大学博物馆研究纪要》8 号，2020 年。

的基督徒用隐匿的方式保持基督教的信仰，甚至将这种信仰方式代代传承至今。在丰臣秀吉进行禁教之前，长崎领主大村纯忠对耶稣会多有捐赠，并让长崎成为耶稣会的重要据点。其居民也大部分改信基督教。在丰臣秀吉・德川幕府颁布禁教令后，长崎有两至三万名基督徒通过寺请制度归属于檀那寺，但很多人仍然偷偷信仰基督教。为了保持隐蔽性，他们将观音当作玛利亚来进行祈祷活动，所使用的观音像多为从中国进口的白瓷观音像。

江户幕府直到幕末时期都严禁信仰基督教，在长崎浦上发生过四次大规模的揭发隐匿基督徒的行动。其中第三次行动发生在安政三年（1856 年），当时的长崎奉行冈部长常留下一本问询记录《关于肥前国浦上村百姓共同信仰异宗一事的问询记录》（《肥前國浦上村百姓共異宗信仰いたし候一件御仕置奉伺候書付》）[①]，记载了隐匿基督徒拜观音以代替玛利亚等事项，有助于我们了解他们的信仰实情和各类实践活动。

处于他们信仰中心的“ハンタマルヤ”（发音类似“圣玛利亚”），是圣玛利亚之意，据记载其形态是“青瓷烧物观音体立像”“子安观音和唱候白烧立像”之类的青瓷或白瓷观音立像。长崎奉行冈部长常看到这些观音像时表示“完全是观音像的样貌，看不出怪异之处”，可见他们只是使用普通的观音像来祈祷。

在日本，将玛利亚造成观音形象时，往往有十字架之类的标记来表明其玛利亚的身份，这种像被称作玛利亚观音。但在长崎的隐匿基督徒使用的观音像上完全没有标记，就是佛教原本使用的观音像，这类观音像在学术研究上也常常被误归为玛利亚观音。诚然，诸如福岛县南会町福米泽天冠正面有刻着十字架标记的送子观音，栃木县真冈市八幡宫的西药师堂供奉有玛利亚观音，山形县东根市龙泉寺观音堂有曾被作为玛利亚像的送子观音像，这些都是名副其实的玛利亚观音。但长崎的隐匿基督徒使用的却是原原本本的观音像。作为玛利亚像来信仰的观音像，和仿造出来并加以标记的观音像有着明显的区别。在学术论文中仍有将两者混为一谈、统称为玛利亚观音的情况[②]，但在考证基督教

① 长崎奉行冈部长常的相关原文，来自片冈弥吉、千叶乘隆、村上重良编：《日本庶民生活史料集成》第 18 卷，三一书房，1972 年。

② 本节所说的东京国立博物馆藏白瓷观音像，在该博物馆目录（https://www.tnm.jp/modules/r_exhibition/index.php?controller=item&id=5701，2020 年 8 月查询）中被命名为玛利亚观音，编号 C-625、610、605。它们很可能原本就是作为观音像制造的，因此这一命名可能存在问题。面对研究者和一般民众，博物馆、美术馆、大学等在收集资料时给它们命名，是非常困难的问题，必须要严格考察资料的实态和属性。

信仰的历史和地区性问题时，有必要通过严密的考证将两者分别进行讨论。

这些观音像，以及隐匿基督徒所持有的挂饰等物品都被长崎奉行所没收，现在作为“长崎奉行所旧藏品”一并收藏于东京国立博物馆。我们现在可以在馆内看到他们当时用于祈祷的白烧立像观音的实物，其中值得注意的是抱着幼子的白瓷观音像。东京国立博物馆认定这些是明清时期（最晚 17 世纪）在中国德化窑出产的。在此之前，片冈弥吉在《日本庶民生活史料集成》中也持同样的看法，认为这些白瓷观音像是从中国传来的，藏于东京国立博物馆。

从立像的外观来看，很容易让人联想到前文讨论过的明代白衣观音。白衣观音在唐代时还难以被认定为母神、女神，在明代则明显带有了送子观音的母神性格。与此同时，如前所述，受到基督教抱幼子耶稣的玛利亚图像的影响，抱子观音的形象固定下来。这种白衣观音的形象与白瓷相得益彰，对于隐匿基督徒来说，从抱子观音像可以非常自然地联想到玛利亚。

被用作玛利亚信仰的白瓷观音，如东京国立博物馆目录上记载，应当是福建省德化县的瓷窑所产。德化窑制作的白瓷呈半透明白玉状，在海外也属十分珍贵的物品。《增补华夷通商考》“福建省土产”一节也有“瓷器（福州兴化土烧物）”的条目。兴化就是现在的莆田。从福州出发的船，应当是在兴化附近的德化窑采购了观音像等白瓷制品。①

关于隐匿基督徒的信仰，值得注意的还有“圣玛利亚是三十三相之姿，具百种好，造日月星辰……”“天国广超数万里，本尊在此地显三十三相，造日月星辰……”②这样的话语。这段话借用了佛教关于释迦牟尼有“三十二相八十种好”的思想来描述玛利亚和天国。其数字比三十二和八十要大，恐怕是为了显示出相对于佛教的优越。创造日月星辰、草木鸟兽这样的创世思想记载于《天

① 宫川由衣在论文《作为圣玛利亚的白瓷观音像——论隐基督徒所传的“玛利亚观音”》中提到，1706 年英国东印度公司的销售记录中有“Sancta Marias，white（白色圣玛利亚像）”，认为 17 世纪后期德化窑生产的白瓷观音像有出口到菲律宾，因此德化窑白瓷观音有可能经由马尼拉进入日本。该论文就德化窑白瓷观音像的海外流传进行了有意义的论考，但日本锁国以前和菲律宾的贸易主要是从马尼拉前往日本的西班牙船，以及丰臣秀吉、德川家康主导的近半个世纪的朱印船贸易（1592—1633 年）。考虑到文禄五年（1596 年）漂流到土佐的西班牙大帆船圣菲利佩号（SAN Felipe）事件，日本对西班牙以及他们在亚洲贸易的据点马尼拉抱有很强的警戒心，德化窑产的白瓷观音像从马尼拉进入日本的可能性很小，即便有也是极少数。

② 片冈弥吉、千叶乘隆、村上重良编：《日本庶民生活史料集成》第 18 卷，三一书房，1972 年，第 834 页。

地始之事》，这是基于旧约全书《创世记》的说法，但说亚当具有“三十三相”，应当是将佛教思想改头换面，用于基督教的信仰。这种用佛教解释基督教的做法逐渐在隐匿基督徒中发展开来。

《天地始之事》曾出现在江户末期建立大浦天主堂的法国传教士贝尔纳·珀蒂让（Bernard-Thadée Petitjean，1829—1884年）手上，他对日本在没有传教士的情况下出现这本书感到十分吃惊。现存的《天地始之事》主要含外海地区的西彼杵郡（现长崎市）和五岛地区发现的抄本[①]。据隐匿基督徒研究者田北耕也所述，昭和六年（1931年）在外海地区见到一位91岁的隐匿基督徒纹助爷，能背诵这本书。由此我们也可以推测，在近世时期长崎的隐匿基督徒具有怎样的宗教知识。

对于近世的隐匿基督徒而言，佛教基本上成为隐藏他们基督教信仰的工具。而且佛教的教义和他们对佛教的理解，也帮助他们理解从传教士处得来的基督教教义，甚至在基督教的体悟、对子孙的传承方面也起了很大作用。隋唐时期传到日本的汉传佛教，到江户时期已历经千年之久，佛教的教义早已扎根于民众心中。在新的外来宗教出现时，对佛教的理解又成为他们理解新宗教的指南书。

在日本禁教活动开始之前的中国明代，白衣观音受到基督教的影响，已经出现了类似抱着耶稣的玛利亚形象的送子观音，甚至出现了这种白瓷立像。它们进入长崎后，被隐匿的基督徒视为怀抱耶稣的玛利亚是极其自然的。

在欧洲与日本、中国的交流中，作为新的外来宗教的基督教给两国的佛教信仰带来了很大的影响。中国受到基督教的影响，白衣观音在明代成为送子观音，进而在江户时代（清代）日本禁教政策下成为隐匿基督教徒保持信仰的重要媒介。

五、结语

妈祖信仰在中国形成于宋代，广泛流传于明清时期。由于元代以来多种宗教并存的局面，妈祖与观音信仰通过航海安全、送子等共同意象逐渐融合。与此同时，欧洲势力开始进入东亚，以澳门为据点的耶稣会在中国进行有组织的传教活

① 目前所发现的最古老的《天地始之事》抄本是文政十年（1827年）的，发现于五岛地区。参见日本思想大系《耶稣信徒书·排耶书》（岩波书店，1970年）所收的《天地始之事》翻刻本以及田北耕也的解说。

动，造成了宗教信仰的变化。明代的白衣观音在成为女神、母神信仰的过程中，受到玛利亚信仰的影响，形成了抱子观音的绘画和立像。妈祖、观音同玛利亚的形象彼此关联起来。

耶稣会的传教活动不仅在中国进行，也发生在日本。由于日本在近代实行锁国政策，长崎成为日本唯一能与中国、荷兰进行贸易的港口城市。这座国际化城市中既有因商贸关系居住于此的中国人、欧洲人，也有原本生活于此的日本人。中国海商带来的妈祖、观音信仰相关活动成为当地的一道风景线。但随着基督教的传入以及禁教政策的颁布，当地的信仰状况发生了很大的变化。一方面，原本流行于日本的佛教成为理解基督教教义的媒介，进入近世日本庶民阶层精神生活的更深层面；另一方面，由中国海商带来的护佑航海安全的妈祖、观音成为长崎隐匿基督教徒保持信仰的媒介，被用作圣母玛利亚信仰。他们使用的白瓷观音像正是来自与中国海商的贸易。

在欧洲人进入亚洲的同时，明清时期的中国也在东亚、东南亚、南亚海域，甚至通过丝绸之路等陆路通道与欧洲进行贸易。明末至清代，海洋将世界联结在一起，今天我们所讲的人员、物品、知识相互交流的全球化在那时就已经开始了。将目光投向长崎，可以看到当时中国、日本、欧洲之间，人员流动、商品交换、宗教信仰相互交织，由此生发出妈祖、观音和玛利亚形象的融合与变貌。

在全球性交流中，航海所占的比重很大，而在广阔危险的海洋上，人们对安全的希冀超越了东西方的界限。明清时期作为圣母的航海女神妈祖、观音的形象，受到圣母玛利亚形象的影响，圣母玛利亚反过来也演变成海洋之星的玛利亚这一航海安全女神。因此在世界交流史框架下解明护佑航海安全的妈祖形象的变迁，并思考其特质和意义，对当代全球化高度发展的社会来说，其重要性不言而喻。

参考资料：东京国立博物馆“长崎奉行所旧藏品玛利亚观音像”

本文中提到，日本长崎隐匿基督徒使用观音像来代替玛利亚像，来表达他们的信仰。这些观音像多为德化窑产的白瓷观音像，最初是作为抱着幼子的送子观音来制造的。这些观音像在隐匿基督徒被检举时，被长崎奉行所没收，现藏于东京国立博物馆。这些观音像作为明清时期的民俗资料原本就具有很高价值，又在中日国际贸易中被带到日本，成为日本基督教独特信仰的物证，其价

图 9　玛利亚观音，
C-602・E0001737，
长崎奉行所旧藏

值变得更高。这里介绍东京国立博物馆所藏的 16 座白瓷观音像（图 9—图 24）。值得一提的是，“玛利亚观音”的名称是基于日本的历史背景在近代时期的命名，今天在对日本隐匿基督徒的学术研究中也被广泛使用。但究其根本，它们在中国是作为观音像而制造出的立像。因此在今后关于文化交流进行的国际性研究中，这些观音像的资料名还有必要再行探讨。这里暂且按照东京国立博物馆认定的资料名进行介绍。

图 10　玛利亚观音，
C-604・E0001742，
长崎奉行所旧藏

图 11　玛利亚观音，
C-605・C0084096，
德化窑

图 12　玛利亚观音，
C-612・C0059434，
长崎奉行所旧藏

图 13　玛利亚观音，
C-616・E0001746

图 14　玛利亚观音，
C-617・E0001755

图 15　玛利亚观音，
C-618・E0001757

图 16　玛利亚观音，
C-619・E0001759，
安政三年长崎奉行所
收藏

图 17　玛利亚观音，
C-620・E0001761，
长崎奉行所收藏

图 18　玛利亚观音，
C-622・E0001763，
安政三年长崎奉行所
收藏

图 19　玛利亚观音，C-623・E0001765，安政三年长崎奉行所收藏

图 20　玛利亚观音，C-625・E0001767，安政三年长崎奉行所收藏

图 21　玛利亚观音，C-626・E0001770，长崎奉行所收藏

图 22　玛利亚观音，C-627・E0001772，安政三年长崎奉行所收藏

图 23　玛利亚观音，C-632・E0001779，安政三年长崎奉行所收藏

图 24　玛利亚观音，C-1086・E0001795，德化窑

后记

《日本藏明清时期中日贸易相关民俗资料选编》是中山大学王霄冰教授主持的国家社科基金重大项目“海外藏珍稀中国民俗文献与文物资料整理、研究暨数据库建设”的研究成果之一。本人能够受邀成为项目组的外籍成员，得到宝贵的研究机会，首先要向王霄冰教授致以诚挚的谢意。此外还要向本书的译者湖北大学梁青副教授，以及为本书顺利出版献计献策、做出大量努力的陕西师范大学出版总社邓微编辑表示衷心的感谢。

特别是这次还邀请到了中日交流史的大家，清华大学的刘晓峰教授为本书写序，令我深感荣幸。

我在学术研究上与中山大学结缘是在 2006 年。当时韩国东国大学教授、韩国佛教史专家洪润植在首尔举办关于东亚佛教文化国际研讨会，主要邀请了中日韩三国代表。来自中山大学的康保成教授在研讨会上做了十分精彩的发言，我深受感动，当时就邀请康教授到我所在的日本国立历史民俗博物馆进行共同研究。由此开启了我和中山大学的学术交流之旅。

后来我结识了中山大学的王霄冰教授，她在信仰和儒教文化等方面有很深的造诣。受到王霄冰教授的邀请，我参加了中山大学举办的非物质文化遗产相关的国际研讨会和论坛，同时在日本国立历史民俗博物馆的国际研究合作方面也得到了王教授的大力支持，在中日文化交流史和日本民俗文化相关的国际性研究方面取得了很大进展。众所周知，日本文化自日本史前时代以来就受到中国的影响，特别是隋唐以降的中日交流对其影响巨大。和中国、韩国研究者进行共同研究，对于理解日本文化史和日本民俗文化有很大的促进作用。从长远来看，相信也能增进东亚各国间的相互理解。

正如“中国民俗学”“日本民俗学”“德国民俗学”“美国民俗学”这样，民俗学上冠以国名的称谓很多。这显示出对于一国文化的实态和特质进行考究，虽有国别差异，但都是各国学问的重要使命。另外，这种民俗学研究强调本国文化的独特性而轻视外来文化的影响，过于重视地域性，认为本国文化都是国内发生和发展起来的，这一倾向至今仍然存在。

然而经历了几个世纪乃至上千年时间孕育的民俗文化，从衣食住行到与之相关的技术，或者音乐、舞蹈等非物质文化，忽视外国的影响都是不可取的。无论是从历史学角度还是从民俗学角度，我们都应将外国的影响和国内的变化、发展全盘考虑。

尤其值得注意的是，2000 年以来的日本民俗学有一种朝向现代民俗学方向发展的倾向，更重视当下的城市化生活。与此同时，全球化也在不断推进，东亚、东南亚、南亚以及南美的劳动者更多地来到日本生活。和一个多世纪以前日本人移民美洲时一样，这让外国人更加关注日本人的民俗。

这种跨越大洋的人员交流，乃至在大洋彼岸定居的情况始于近代以前。例如日本国内的华侨团体就形成了日本最早的外国人社群。而 16 世纪日本国际港口城市长崎设立的专供中国商人居住的唐馆，可以说是近代日本华侨社会的鼻祖。

我对长崎华侨社会中的妈祖、关帝相关信仰和祭祀，以及清明节、普度会等先祖祭祀很有兴趣，而这些都是日本社会中难以见到的。大约 2000 年前后，我开始着手调查研究以长崎为中心的华侨社会的信仰和祭祀。这项研究既是日本的历史和文化问题，同时是华侨华人问题，我的研究也由此和中国有了接点。

王霄冰教授主持的这项国家社科基金重大项目，是关于中国民俗研究新视角的国际性研究，需要收集与中国有过交往的东亚、欧洲诸国所藏的与中国民俗文化相关的历史文献、绘画资料等。

为了完成本书，王霄冰教授于 2017 年亲自来到日本国立历史民俗博物馆，进行了为期三个月的调查。期间不仅到访了国立历史民俗博物馆、国立公文书馆、早稻田大学、神奈川大学等东京周边的机构，还和我一同前往爱知大学进行调查。我们查阅了20世纪初东亚同文书院对中国大陆的调查记录等与中国有关的资料。这些调查为本书的完成奠定了坚实的基础。

一段时期以来，人文学科中的国际协作成为世界性的趋势。但无论哪个国家的研究者都很难长期在海外进行研究，只能退而求其次地举办为期数日的国际研讨会和论坛，发表演讲并进行讨论。这样的国际研讨会当然也有重要意义，但若能相互在对方的国家待上至少几个月时间，进行更加细致的田野调查，对历史资料（文献、绘画、遗留物等）进行共同解读的话，应当能取得更好的合作研究成果。我们也期待人文科学能像这样帮助两国乃至世界各国相互理解和友好相处。

人文科学研究的国际合作，由于2020年春天开始的新冠肺炎病毒世界性流行而踩下了急刹车，去往国外开始变得格外困难。虽然通过线上的形式可以跨越国境进行交流，但要想深入研究，人员的相互往来仍然是必要的。唯此才能切身体会该国人们的行动方式、岁时活动和自然环境。在同一个时空下进行交流仍是研究者们的共同心愿。

在清代海商和日本进行贸易的港口城市长崎，以及曾经是独立王国，后来向清朝朝贡的日本列岛西南的冲绳县，都还藏有琉球国时期和中国进行贸易的重要资料。这些资料不仅是日本文化研究的素材，也是中国民俗研究的资料。今后我们也将以本项目为中心，继续推进相关的中日合作调查研究，力争为本资料集成续写新篇。